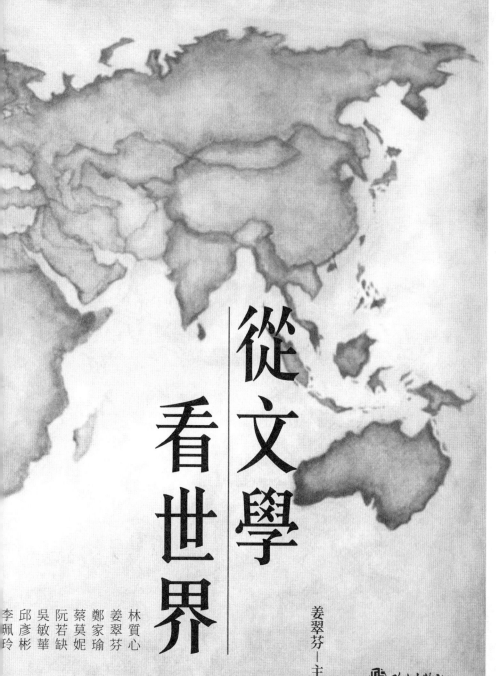

# 從文學看世界

林質心
姜翠芬
鄭家瑜
蔡莫妮
阮若缺
吳敏華
邱彥彬
李珮玲

姜翠芬—主編

政大出版社
Chengchi University Press

國家圖書館出版品預行編目(CIP)資料

從文學看世界 / 王經仁等作；姜翠芬主編. -- 初版. -- 臺
北市：政大出版社出版：政大發行, 2020.09
　面；　公分

ISBN　978-986-98821-9-4（平裝）

1.世界文學　2.文學評論　3.文集

810.7　　　　　　　　　　　　109012911

# 從文學看世界

主　　編｜姜翠芬
作　　者｜王經仁、吳敏華、李珮玲、阮若缺、林質心
　　　　　邱彥彬、姜翠芬、蔡莫妮、鄭家瑜

發 行 人　郭明政
發 行 所　國立政治大學
出 版 者　政大出版社
執行助理　鄭茗芳、邱光璇、吳宜芳
執行編輯　林淑禎
地　　址　11605臺北市文山區指南路二段64號
電　　話　886-2-82375669
傳　　真　886-2-82375663
網　　址　http://nccupress.nccu.edu.tw

經　　銷　元照出版公司
地　　址　10047臺北市中正區館前路28號7樓
網　　址　http://www.angle.com.tw
電　　話　886-2-23756688
傳　　真　886-2-23318496
郵撥帳號　19246890
戶　　名　元照出版有限公司

法律顧問　黃旭田律師
電　　話　886-2-23913808

初版一刷　2020年9月
定　　價　360元
I S B N　9789869882194
G P N　1010901260

政府出版品展售處
• 國家書店松江門市：104臺北市松江路209號1樓
　電話：886-2-25180207
• 五南文化廣場臺中總店：400臺中市中山路6號
　電話：886-4-22260330

# 目次

# 序

　　2016 年政治大學外國語文學院決定設計三門學生必修的群修課程，讓外語學院學生對外國語文的三個專業面向──文化、文學和語言──具備基本能力。接著，本院七個系大約二十位文學老師們花了一年的時間討論如何透過這門新課讓外語學院學生具備基本的文學欣賞和分析能力。我們希望這門多人共授的創新課程既有文學涵養又能與世界脈動連結，於是「從文學看世界」課程在 107 學年的第一個學期誕生了。

　　這是政大外語學院第一次有文學課由英文系、斯拉夫語系、日文系、韓文系、阿文系、土文系、歐文系的文學老師一起授課。老師們對能一起跨系開課更是充滿了興奮和期待，討論的過程中也有不少有趣的火花。因為有這麼多國家的文學可教，那我們到底要教哪個國家？哪個時期？哪個作家？哪個作品？最重要的是，這樣一門萬花筒式的課要如何統整才能給學生一個完整又有系統的文學知識概論？

　　最後我們決定用議題來貫穿課程。於是老師們先以專長和時期分組，再由各組討論出那個時期的代表性議題。每位老師選定文本後，還要跟每一組的老師報告那個文本內容。在這個冗長的備課過程中，我們可以感受到每一位老師對文學的熱愛和對文學傳播的使命感。正因為有大家的無私貢獻，107 和 108 學年開課時這門課才得以順利進行。

　　因著對文學的喜愛，授課老師們也覺得多人合授的外國文學課程難能可貴。這門課不但是政大外語學院的特色，更是全台灣大專院校唯一的文學聯合國教學課程。因此大家也決定把我們的教學特色寫成書，讓台灣的讀者有機會透過政大的文學課看到世界。老師們再次開會討論這本書的書寫和呈現方式，一年後這本書終於出爐。

　　《從文學看世界》這本書帶領讀者一窺希伯來、希臘、羅馬、日本、德國、英國、法國、美國、土耳其和阿拉伯世界（埃及）的文學作品。除了分析文學作品手法，本書也呈現不同國家文化文學藝術之美。就如同課程分成三個階段一樣，這本書也帶領讀者從遠古的西方和東方的古典文學源頭，進入到啟蒙時期、浪漫時期和維多利亞時期，最後再抵達我們此刻正身處的現代文學。

　　雖然時空不同，這些文學作品中的世界觀、生與死、英雄主義、愛情和婚姻、戰爭和革命、衝突和改變以及離散等諸多議題卻都能讓讀者得到豐富的面向和深刻的智慧。英文系林質心老師的〈混亂與秩序：《聖經》、《神譜》、與《變形記》中的世界觀〉帶領我們回到二、三千年前猶太人、希臘人和羅馬人對這個世界和對人的認知，尤其是神話如何與生生不息的自然和慾望不斷的人連結。英文系姜翠芬老師的〈智慧與「愉悅」：閱讀古希臘悲劇《伊底帕斯王》〉教導我們聰明卻驕傲的希臘悲劇英雄面對人生苦難的智慧，同時也解析為何此古典悲劇匠心獨具，歷久不衰。日文系鄭家瑜老師的〈《源氏物語》從光源氏的戀愛故事看另一個英雄神話〉除了探討十一世紀日本貴族中的情聖光源氏，還用古典文學中的英雄倭建命原型來分析光源氏的另一種英雄面向。古典文學的重心從人對宇宙和世界的好奇，漸漸轉移至對人自身的生命和尊嚴，以及人和人之間感情的沈思。

　　跨越六百年從日本回到歐洲，我們進入西方文明的旋風中，這股強大的改革颶風也反映在十八、十九世紀德國、法國和英國的文學作

品中。歐文系蔡莫妮老師的〈看風暴與壓力時代的愛情：歌德《少年維特的煩惱》中的敏感英雄〉帶領我們探索為何有憂鬱和自殺傾向的維特會成為抵抗舊社會的英雄。歐文系阮若缺老師的〈包馬歇三部曲：由《賽維爾的理髮師》、《費加洛的婚禮》、《犯錯的母親》看法國大革命前歐洲的氛圍〉指出法國劇作家如何巧妙地藉古諷今，借西班牙和義大利風格批判法國，並創造出智勇雙全的僕人費加洛和其他人物來批判當時的婚姻制度、司法和政治。英文系吳敏華老師的〈《簡愛》的誕生：浪漫誌異與維多利亞寫實的交融〉發揮其翻譯專業探究小說人名翻譯獨到之處，彰顯小說主人翁和主題，並點出小說反映當時法國和拜倫式英雄的強烈個人主義氛圍。

　　進入第三階段也就進入了嶄新的跨文化現代文學；然而，迎接我們的文學作品卻是充滿著跨文化碰撞時權力不均造成的衝擊。英文系邱彥彬老師的〈白人西進論下的衝浪運動：淺談傑克倫敦〈一項王者的運動〉〉細膩地、抽絲剝繭地把隱藏在白人作者對夏威夷原住民衝浪運動敘述中的白人至上心態發掘出來。土文系李珮玲老師的〈東西交會下土耳其的歷史難題：〈私生子〉與〈祕密〉〉凸顯土耳其獨立建國前失序的社會給人民帶來紊亂的身分認同；透過東方主義論述的角度，這二篇短篇小說也暴露西化，或說是法國文化帝國主義，對土耳其傳統帶來的衝擊。阿文系王經仁老師的〈傳統與現代的交錯：〈札巴拉維〉中的心靈追尋〉選擇諾貝爾文學獎得主馬赫富茲的一篇寓言式短篇小說，探討埃及在現代化過程中，西方物質主義帶來的心靈空虛，使埃及人的價值觀改變。

　　《從文學看世界》的文章都從作品的歷史背景和作者生平出發，意在使讀者瞭解作品與其時代的密切關係。在文本簡介和重點詳析之後，我們加上討論問題，希望能讓讀者與作者對話，深層思考作品獨到之處或特異精華。雖然只有九篇文章帶領讀者穿越時空看大千世

界，但我們希望文學的種子能灑在每一位讀者心中，像是乘坐在飛天魔毯上，飛越一個個國家、一個個時代、一個個作者、一個個作品，去探險、去發掘、去經歷。未來，我們希望有俄國文學、西班牙文學、韓國文學、越南文學、阿拉伯文學、巴勒斯坦文學等更多的作品饗宴讀者。

　　《從文學看世界》一書從開始計畫撰寫到成書要感謝非常多的人鼎力協助。首先，我們要感謝國立政治大學高教深耕計畫的經費贊助，也要感謝政大外語學院前任院長鄭慧慈教授和現任院長阮若缺教授的熱心支持。我們非常感謝二位匿名審查給我們的建議和指正。我們也要謝謝政大出版社的助教林淑禎小姐的一切協助。最後，我們獻上由衷的感謝給我們的助理和編輯——政大英文所碩士班鄭茗方、英文系邱光璇，教育系和英文系雙主修生吳宜芳！非常謝謝妳們的認真和努力！

姜翠芬

2020 年 8 月 12 日

# 希伯來、希臘、羅馬文學

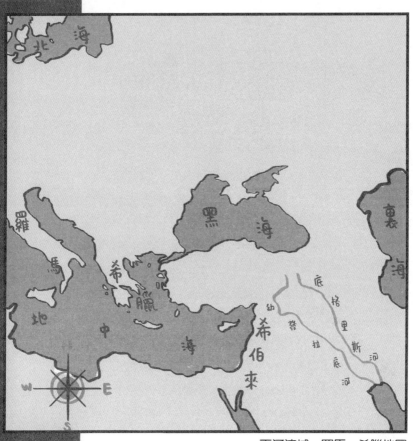

兩河流域、羅馬、希臘地圖

# 第一章
# 混亂與秩序：
# 《聖經》、《神譜》與《變形記》中的
# 世界觀

林質心[1]

## 壹、西方文化源流：希伯來與古希臘羅馬歷史

「西方文化」是個很模糊的概念，今天討論到西方文化時，可以包括歐洲與北美洲；在上古時代，則是指地中海週邊區域的文化，更精準地說，是以巴爾幹半島與西亞一帶之部族為中心，含跨其所延伸出去的古希臘與希伯來文化。當時歐洲當然還有西歐遊牧民族的凱爾特文化（the Celtic Culture）與中北歐的日爾曼文化，但由於繼承了古希臘文化的羅馬帝國是第一個橫跨歐洲的帝國，而君士坦丁大帝又在西元前 313 年以米蘭敕令使發展自猶太教的基督教合法化（Glay 頁 462-63），加上狄奧多西大帝在西元前 380 年前後開始獨尊基督教（Glay 頁 541），因此西方文化常以希臘羅馬文化與希伯來／基督教文化為主流。

希臘在上古時期並不是指一個國家或是單一的部族。巴爾幹半島這一區在西元前 3000 年前進入青銅時期，在西元前 2200 年前，半島

---

1　作者為國立政治大學英國語文學系副教授。

南方的克里特島（Crete）上就有麥諾恩文化（The Minoan culture）建成的城鎮街市（palaces），此文化以農業為基，與埃及和地中海東的部族通商（Martin 頁 24）。在中青銅器時期，印歐語系的民族逐漸移居，攻入此地，其文化的統治架構與文字系統都受了麥諾恩文化的影響（Pomeroy 頁 31），但其語言取代了原始住民的語言，顯示其漸居領導地位。這些部族皆以宙斯（Zeus）為主神（Pomeroy 頁 21），在西元前 1600 年的後青銅時期建立起邁錫尼文化（the Mycenaean culture），西元前 1450 年即已占領克里特島，荷馬在史詩中稱他們為阿開奧斯人（Achaeans）（Martin 頁 23），一般稱之為古希臘人。古希臘人商業甚茂，與西亞的西臺帝國（the Hittite Empire）和埃及皆有往來，但政治上則採城邦制，各城邦間時而相屬、時而爭勝（Pomeroy 頁 38-39），其繁盛發展一直至西元前 1200 年，荷馬史詩中的特洛依戰爭即發生於西元前 1250 年左右。

　　同時間希伯來人卻仍是一小小部族，小到不太有相關的歷史記載與文物遺跡。根據《聖經》〈創世記〉十一與十二章的說法，希伯來人的先祖亞伯拉罕（本名亞伯蘭）本來居住在迦勒底的吾珥，位於底格里斯河和幼發拉底河入波斯灣的海口，後移居哈蘭，被耶和華神呼召遷居迦南地的示劍，就是今天巴勒斯坦中央、以巴路和基利心山的通道（柯德納 頁 123），推算也許是西元前 2200 年左右。後亞伯拉罕的孫子雅各被神賜名以色列（創三十三），有十二個兒子，成為以色列的十二個支派。這一家族男丁約有七十人，後因飢荒移居埃及（創四十六），子孫成為埃及人的奴隸。〈出埃及記〉第三章中記載神呼召摩西帶領希伯來人出埃及，回到應許之地迦南，從《聖經》和一些片斷的史料推算，這事件似乎是發生在西元前 1450 年左右，也就是法老王圖特摩斯三世（Thutmose III）之時，然也有學者認為應是在法老蘭塞二世之時（Ramesses II，1290-1224 年）（高雅

倫頁 44-47；Sachar 頁 15）。只是希伯來人進入迦南地後也非一帆風順，先是由士師領導，[2] 與四圍部族爭戰，如米甸人、摩押人、非利士人、亞捫人、亞摩利人等，考古上也可看到西元前十三世紀末時迦南城市大量被摧毀，一直到西元前 1020 年左右，希伯來人才由掃羅成立國家（昆達 頁 24-25）。根據亞述帝國對一些《聖經》有描述的戰役記錄推算，可知大衛擊敗掃羅、抵禦非利士人、接任王位，約在西元前 1000 年之前（包德雯 頁 17），不過就整體看，當時此王國仍是小國，甚至只能看作一個部族（陳立樵 頁 23-35）。《聖經》記載大衛的國位在其子所羅門手中興旺，建了王宮聖殿（撒母耳記下第七至八章），但西元前 930 年國家就在其孫羅波安手中一分為二，南國是猶大、便亞憫兩支派組成，稱為猶大國，另十個支派歸北國，稱為以色列國（〈列王記上〉十二章）。從一些歷史文獻中可看出南北國都多經外族侵擾，北國後來於西元前 722 年亡於亞述帝國，南國則於西元前 586 年亡於滅了亞述帝國的新巴比倫帝國，希伯來人進入了被擄時期（魏茲曼 頁 27-37）。一直到波斯帝國滅了新巴比倫帝國以後，波斯王居魯士（Cyrus）才於西元前 538 年允許希伯來人回歸耶路撒冷，並於西元前 515 年重建聖殿（陳立樵 頁 46-49）。《聖經》中舊約常稱希伯來人為以色列人，新約中則多以猶太人稱之。

　　希伯來人攻入迦南地逐漸立國時，也是古希臘人經歷一連串動亂的時期。在西元前 1250 年左右打贏特洛依戰爭後，古希臘的政治、經濟在西元前 1200 年後逐漸崩解，在西元前五世紀的希臘人描述中，此時西北方同是印歐語系的多利安人攻入，造成城鎮經濟崩

---

2　意為審判官，希伯來人一開始沒有國王，因為他們認為神才是他們的領導者，而士師的工作主要是依照神的心意在民眾中判斷是非，靠神的引導抵禦外侮。是否立王的爭議見〈撒母耳記上〉第八章。

從文學看世界

壞，也使得賴此經濟的政體無法運作，戰士四奔尋找生路，而多利安人即為後來的斯巴達人（Martin 頁 49）。但根據其他考古資料，似乎應有其他海路而來的攻擊，也有城邦間相互的戰事（Pomeroy 頁 47-48），只有雅典人未曾被迫四處遷徙（Martin 頁 45）。在以色列人建國的同時，邁錫尼文化下的城邦幾乎全毀，也失去了文字，僅靠口傳保存文化，所以後世稱此時期為「黑暗時期」，人口減少，工藝也較簡單。但古希臘人自己並未感受此文化斷層，也持續與東地中海區民族往來。他們在西元前十二世紀就從塞普路斯人習得製鐵的技術（Pomeroy 頁 54-55），移居四地的古希臘人又與推羅往西經商的腓尼基人共居（Pomeroy 頁 58），終於在西元前九世紀末採用了其字母，重新發展文字，荷馬史詩和赫西俄德的《神譜》皆是在西元前八世紀中以此文字寫成（Pomeroy 頁 87），使古希臘（the Ancient Greece）進入古風時期（the Archaic Greece），在以色列人亡國、流散、努力回歸的同時，希臘文化在西元前五世紀發展到高峰，兩個主要的城邦為雅典和斯巴達，這也是希臘戲劇的顛峰時期。

　　同一時期，義大利半島仍是諸部族來來去去之地，根據傳說，特洛依王子阿涅阿斯（Aeneas）在特洛依戰爭戰敗後，於西元前 1193 或 1184 年時到達拉丁姆區（Latium），建立了拉維尼姆城（Lavinium），其子阿斯堪紐斯（Ascanius）建立了阿爾巴蘭卡城（Alba Longa），而其後代雙生子羅姆魯斯（Romulus）和瑞姆斯（Remus）為母狼所哺乳長大，在西元前 754 至 748 年間建立了羅馬（Glay 頁 21-22）。考古上也有遺跡顯示西元前 1500 至 1000 年中，古希臘人就已開始在半島南方和西西里沿海經商，西元前十世紀至九世紀間，羅馬逐漸取代阿爾巴蘭卡城，成為拉丁姆區的領導城市（Grant 頁 27-28）。而西元前八世紀的第一鐵器時期，在同屬印歐語系的拉丁人進入義大利半島拉丁姆區和西西里島時（Glay 頁 xxiii），推

羅的腓尼基人就已在羅馬建立了牲口市場（Glay 頁 xxi），古希臘人也在西南沿岸和西西里島建立了許多殖民地（Glay 頁 15-19）。同時期，伊特拉斯坎文明（the Etruscan civilization）在義大利半島北部已建立了城邦聯盟政體，也有了排水和灌溉的建設（Glay 頁 10-11），並於西元前七世紀把這些技術帶入拉丁姆區，掌控了羅馬（Grant 頁 18-10），逐漸以 21 個地理區塊取代羅馬原來的三部族統馭模式，並建立了 60 個百夫軍團，由土地擁有者管理，根據資產多少給予這些百夫長投票議決的權利（Grant 頁 24-25）。但之後根據李維（Livy）的記載，羅馬貴族對伊特拉斯坎的國王塔克文（Tarquinius Superbus）集中大權又廣徵平民支持不滿，於西元前 509 年將之逐出羅馬，由布魯圖斯（Lucius Junius Brutus）廢去王權，建立了共和制（Martin 頁 48-49）。之後西元前 494 年平民起而抗議，促使元老院、護民官和執政官三權分立的政體成形（Grant 頁 63-64），並於西元前 449 至 451 年立了十二銅表法，釐清平民與貴族的權益與義務（Martin 頁 53）。之後羅馬人、拉丁人和伊特拉斯坎人仍不時互攻，但也逐漸於西元前四至三世紀融為一體。

希臘城邦此時卻因內鬥而逐漸勢微，北邊多山寒冷的馬其頓王國（Macedonia）興起。雖然馬其頓人「看不起南方的希臘人，覺得他們太過軟弱，無法像馬其頓人一樣面對艱困的生活」，他們卻自視為希臘人的後代（Martin 頁 239）。馬其頓王腓力普二世更於西元前 350 年左右，獲選為希臘聯邦的共主，他於西元前 338 年的奇羅尼亞戰役（the Battle of Chaeronea）獲勝後，組了哥林多聯盟（Martin 頁 241-43），開啟了希臘化時期（the Hellenistic Age）。腓力普二世於西元前 336 年被刺殺後，其子亞歷山大更是直接以武力迫使希臘人承認其統治權，於西元前 335 年毀滅底比斯，之後進攻波斯和埃及（Martin 頁 243-47），只是他於西元前 323 年早逝後，希臘帝國就再也無法維繫

如此強大勢力而分裂了。

此時羅馬也逐漸擴張，先是為了南邊的塔蘭圖（Tarentum）與亞歷山大後人皮洛士（Pyrrhus）作戰，於西元前 272 年與塔蘭圖簽訂盟約（Grant 頁 79），後又著眼經濟利益與西西里的管轄權，和迦太基打了第一場戰爭（264-41 BC），也藉此慢慢建立了海軍，接著由漢尼拔（Hannibal）打的第二場迦太基戰爭（218-01 BC）更延燒至西班牙（Glay 頁 80-85）。此時希臘也想藉機奪回一些殖民地，卻在之後三次的馬其頓戰爭（214-05BC、200-196BC、171-68BC）中失利，最後在西元前 146 年哥林多被毀，希臘成為羅馬的一省（Glay 頁 93-99）。之後第三場迦太基戰爭中，迦太基被燒毀，人民被放逐為奴（149-46 BC），至此羅馬漸有帝國架勢（Glay 頁 99-100）。然而，連年的交戰也致使有軍功的將軍可以不依常規很快得到榮譽和地位，龐貝（Pompey）就在西元前 70 年、年僅 36 歲時，便因軍功被選為執政官（Martin 頁 98），招致失勢貴族不平，戰爭後重畫土地以賞賜有功戰士更是引發許多衝突。龐貝後來在西元前 60 年被迫與凱撒和克拉蘇（Crassus）連盟，形成三巨頭，讓凱撒於西元前 59 年當上執政官，也到高盧領軍，九年內攻占了今天的法國、西德和英國南部，聲勢浩大（Martin 頁 99-101）。但羅馬卻越來越亂，等西元前 49 年凱撒想回羅馬競選執政官時反需對抗龐貝。凱撒戰勝後獨攬大權，建城立鎮，安置有功將士，讓非羅馬人成為公民，非義大利人成為議員，但如此破壞了傳統，惹怒貴族，於西元前 44 年被刺殺（Martin 頁 101-05）。之後凱撒的繼子屋大維和安東尼連手報仇，殺了 300 位議員和 2000 名騎士，於西元前 42 年逼死刺殺凱撒的布魯特斯和蓋烏斯（Cassius），分領羅馬西邊和東邊（Grant 頁 199），最後屋大維於西元前 31 年贏得亞克興戰役（the Battle of Actium），擊敗安東尼和其愛侶佩脫拉克，迫使其隔年在亞歷山卓城自盡，自此雖然共和制名義仍

存，但烏大維於西元前 27 年成了奧古斯都（Martin 頁 113），[3] 改革軍隊編制，直接管轄埃及、高盧和敘利亞，他也總有辦法安插他的人選擔任各區域的長官，把議會變成行政單位（Grant 頁 201-04），羅馬帝國成形。

　　耶穌就是在奧古斯都的統治下誕生的。在波斯時期，猶太人就分為在地的和回歸的猶太人，彼此意見分歧（陳立樵 頁 47），亞歷山大大帝攻打波斯時，欲與猶太人結盟，猶太人的意見卻很不一致，在外族統治下求生存不易，有些人尋思如何抵抗外族壓迫，有些人覺得必須妥協。不過波斯希臘皆給予猶太人部分自治權，亞歷山大允許猶太人「在他們先祖律法下安居」，之後托勒密還翻譯舊約為希臘文，修繕聖殿（陳立樵 頁 50-51），致使部分猶太人開始接受希臘文化（陳立樵 頁 52-53）。但猶太人中卻總有人不忘記要重新建國，其中祭司馬提亞（Mattathias）甚至在西元前 167 年起義，稱為馬加比起義（陳立樵 頁 54-55），於西元前 104 年建立了哈斯蒙尼王朝（the Hasmonean Dynsasty）（陳立樵 頁 62）。羅馬人起先也支持其抵抗希臘，但猶太人中不同勢力意見不同，羅馬興起後，猶太人又不願全然接受龐貝指揮，王朝最後由執政官安東尼[4]和西塞羅在西元前 63 年所滅（陳立樵 頁 66），但仍讓哈斯蒙尼王朝的希爾坎二世為祭司。西元前 48 年，凱撒也指定猶太人安提帕特為猶太人的行政長官，希律則負責加利利，西元前 29 年屋大維才將巴勒斯坦包含在其國土內（陳立樵 頁 67-68）。然因不斷有人自稱猶太人的王，自稱是舊約預言要來復興猶太人的彌賽亞，希律與其子希律安提帕皆相當緊張（陳立樵 頁 73-74），耶穌也就是在這種緊張中出生、與門徒一起傳道，後

---

3　意為「上天所眷顧的」。
4　為三巨頭之一安東尼的弟弟。

以叛亂罪名被釘十字架，其時約是西元 33 年左右。

## 貳、議題分析：神話／學與世界觀

　　要瞭解這三個文化，光理解其歷史上發生什麼事是不夠的，也要從其文化的經典著手。以希伯來／基督教文化和希臘羅馬文化來說，《聖經》新舊約、荷馬史詩《伊里亞特》和《奧德賽》、赫西俄德的《神譜》、維吉爾的《阿涅阿斯記》和奧維德的《變形記》都是重要經典，不但呈現當時人的想法，也形塑後來中古以至文藝復興時期的文化。歷史學家在乎的當然是事實上發生什麼事，對古早經典的記載也持保留態度，認為《聖經》「對世界成形之描述，與鄰近地區的神話故事極其相似」，覺得這些故事經過許多人「轉寫、翻譯，甚至穿鑿附會，變得越來越不合理」（陳立樵 頁 4-5）。他們也認為早期希臘羅馬歷史均為離事件甚久之後才記錄，或為吹捧當時斯巴達人武力，或「經潤飾以為羅馬帝國理念服務」（Glay 頁 2），只能看作是虛構的神話。然而，這些經典文本對當時的人來說並不止是神話，而是和歷史一樣，「掌握著令人摒息的權威，是不可質疑的事實」（Smart 頁 76），研究這些經典文本可以「協助闡明傳統和世俗的世界觀」，因為就瞭解一個文化來說，「人們心中的信念也是事實的一個重要層面」，而這些神學／話相關的文本幫助我們「瞭解人腦袋中想些什麼」（Smart 頁 1）。

　　貝爾內指出世界觀（Weltanschauung）「這個辭彙由『世界』（Welt）和『直觀』（Auschauung）兩個字組成，因此這個組合觀念理當就是『世界的直觀』或『對世界的沈思性看法』」（頁 30），而人類又必須「透過『世界形象』和一長串的概念分析及統合才能取得世界觀」，所以世界觀「是一種『形上學的視界』……針對包含感

性事物的一切超自然事物」（頁 34）。他又引康德解釋這樣的世界觀使「世界呈現出一種統一性……還會因有一個目的（終極目標）而有了價值……，能告訴我們事物為何與該是什麼樣子，以及人可以如何反應」（頁 36）。Underhill 更進一步提出世界觀可以從五個層面形成：對世界的看見（world-perceiving）、對世界的概念（world-conceiving）、集體對世界的心態（cultural mindset）、個人對世界的想像（personal world）、個人觀察世界的切入點（perspective）（頁 134-35）。

　　從這些角度來看，神話／學就是一個文化族群嘗試理解世界後，留下的思考或對話記錄，在其中他們記錄自己所理解的歷史，嘗試解釋自身遭遇、思索如何面對生命中的難題、探討如何看待自身的定位與價值。換言之，要瞭解這三個文化如何交織建構出西方的文化基底，必須要先試著暫時接受其對世界的觀察和解釋，而不是用現今理解的世界觀去解釋其觀點形成的動機或加以批判，這樣才能進一步瞭解其看待世事的觀點，進而與之對話。也就是說：要瞭解這三個文化在西方歷史上的交織運作，不能只將這些文化經典視作有趣的神話故事，而得仔細去分析其中所呈現的宇宙樣貌與人神互動、感受其中角色在這樣的宇宙中所面臨的人生困境、思考其所堅持的價值、理解其所認定的自身歷史定位和個人責任，這樣才能釐清西方文化所承接的語言體系包括那些觀點、不同觀點間有那些錯綜複雜的交會、這些體系交會後又如何轉形，這些問題都釐清後才能藉此擴展或檢視自己的語言文化體系和世界觀。

　　神話／學之所以重要是因為這是一個民族表達他們看宇宙看世界的方式，影響他們每天的生活、決定他們如何看待自己和別人。這類的文本一定會跳脫時空看宇宙世界，闡述宇宙如何成形、人的本質和被造的目的、人在自然和歷史中的位置、人在社會中的角色、以及人

行事互動的準則與意義。這些文本描述人如何去了解自然界運行的法則與人際互動的常理，顯示在其文化中，人如何在時間中面對死亡和苦難、找到歷史運行的規則、想像今生與來世的關係。這些文本對當時人來說並不是一種自我催眠的方式，也不是對自然現象不理解或懼怕的產物，這些文本不僅只是當時人心理情緒需求的反映。對當時乃至之後生活在此文化中的人來說，這些經典文本是他們尋找真實、確立人生意義的方式，是他們對自己人生與文化定位的解釋，也是他們與自己生命的對話。

## 參、文本簡介

　　《聖經》、《神譜》、《變形記》這三個文本都提出其文化對世界與人類起源的說法，多少代表了這三個文化的世界觀。

　　《聖經》分為舊約與新約。舊約是希伯來人所讀的唯一經典，又稱之為「希伯來人的《聖經》」（the Hebrew Bible），他們把舊約分為二十四卷，基督徒將之分為三十九卷，但內容一致，基督徒的《聖經》還包括新約，有二十七卷。希伯來人和基督徒皆認為《聖經》是神所啟示，一字不可更改。舊約的頭五卷摩西五經又稱為律法書或「妥拉」，其中〈創世記〉講到神揀選亞伯拉罕和他子孫為神的選民，領他們到迦南地為其應許之地，又提到希伯來人後來因為飢荒的緣故移居到埃及。〈出埃及記〉與其後的〈利未記〉、〈民數記〉、〈申命記〉則敘述希伯來人重回應許之地的過程，也詳細說明神與其立約的內容和敬拜神的法則和儀式。之後以基督教的分法有十二卷歷史書，記錄希伯來人建國的奮鬥和南北國的興亡、流散、與回歸故土的曲折。再來有五卷詩歌智慧書，有敬拜神的頌歌、對生命感嘆的格言、和華麗的愛情詩歌，最後則是五卷大先知書和十二卷小先知書，

作者都是南北國分裂時期或亡國後的先知，內容都在責罵猶大國和以色列國不敬畏耶和華，拜外邦偶像並欺壓貧弱，預言耶和華必使其亡國，不過也都預言神會重新眷顧祂的選民，帶領他們回歸應許之地。

　　新約書卷約在西元 60 至 90 年間寫成，也就是耶穌釘十字架後三十至六十年間，結構和舊約有點像，開頭是歷史書，有描述耶穌生平的四福音和使徒行傳。福音書含馬太、馬可、路加、約翰福音。其中前三本內容相似，稱之為符類福音（the Synoptic Gospels），但描述角度不同，馬太福音較強調耶穌是要拯救猶太人的彌賽亞、是君王；馬可福音語言較樸實，對耶穌服事世人多有描述；路加福音則著重耶穌的人性，有許多寓道故事（parable）；約翰福音成書較晚，全書近二分之一都在描寫耶穌最後一個禮拜和門徒的互動與受死復活後的行蹟，強調耶穌的神性。記載耶穌的門徒如何傳道的使徒行傳，也是路加所著。後面有十三卷保羅的書信和八卷其他門徒的書信，保羅原先是迫害基督徒的猶太人，後改信基督教，[5] 他常常旅行各處向非猶太人傳教，後來長期被關，以致於他無法回到原來傳教的地方，於是寫信給各地教會，釐清教義，點出教會在信仰上或行為上的問題。新約的最後一本書是啟示錄，是約翰晚年遭放逐拔摩海島時所著，與舊約先知書類似，先責罵七個教會中有信心不堅的，鼓勵其要持守信仰，之後描述其異象中看到天地毀滅前世界的混亂，最後呈現天地毀滅後出現的新天新地，並其中被拯救聖民的歡樂。

　　希臘羅馬文化中並無宗教正典的概念，《神譜》（The Theogony）意為「神的族譜」是西元前八世紀赫西俄德（Hesiod）綜合口述傳統對希臘神祇來源的簡述，對這位作者我們所知不多，根據書中的自述，他是赫利孔山的牧羊人，在放羊時蒙「繆斯教給他一支光榮的

---

5　其悔改的經歷記載於〈使徒行傳〉第九章。

歌」（頁 22-23），但是這應該只是作者塑造出來的敘述者，用來襯托自己面對如此宏偉主題時的卑微和手足無措，也顯示自己是個樸素純潔的虔誠人。

《神譜》是以史詩格律寫成，也就是長短短六音部的詩行，這種格律一般用在大部頭國族興衰的史詩故事中，以此格律也許可推知：赫西俄德想展現出神族戰鬥興衰的宏偉氣勢。他在此書一開始依據史詩傳統，呼籲神啟，表明此詩作是要依繆斯指引，「歌唱將來和過去的事情」（頁 32），並且「歌頌永生快樂的諸神種族」（頁 33）。然而，《神譜》本身卻是以諸神代代互鬥為基調，其手法往往強暴直接，循環交戰，一直到最後宙斯得勝，與諸神女結合，而各神結合產生的諸神女又和凡人結合生子為止。赫西俄德另著有《工作與時日》，像是《神譜》的續集，解釋人間苦難和罪惡的由來，描述人從黃金時代落到黑鐵時代（頁 110-200），宣揚「宙斯的眼睛看見一切、明瞭一切」（頁 269），呼籲人要「傾聽正義，完全忘記暴力」（頁 275-76），告誡人若「心裡想要財富」，就要「勞動，勞動，再勞動」（頁 382-83）。兩個故事結合可看到世界由混亂暴力到漸有秩序的過程，但似乎可能又循環出現暴力。

《變形記》也是史詩格律寫成，但其作者奧維德不像維吉爾那樣受羅馬人尊為民族詩人，其著作或者不能完全視為表述羅馬文化之作。奧維德生於西元前 43 年，正處於凱撒被殺，屋大維逐漸確立政權之際。他父親原希望他能學習法律與修辭學，以成為官員，但他選擇成為詩人。其著作常著重於愛情與慾望間的張力，其所著《女書》（*The Heroides*）把重點放在史詩英雄旁的女人身上，用女性的觀點寫信給男方，細數其情感之波濤。其《戀愛術》（*Ars Amatoria*）一書太過露骨，甚至引起奧古斯都不快，在西元 8 年將之放逐至塔米斯（Tomis，今黑海邊羅馬尼亞），待了九年，至死沒有回到羅馬（Isbell vii）。

　　然而，在《變形記》中，奧維德仍不時把奧古斯都比做周夫（Jove，宙斯的拉丁名，或稱朱比特，Jupiter），對其尊崇倍至。其書共十五卷，一開始也是按史詩傳統，呼籲神啟，講明主題是要「歌唱形體的變化」，祈求「造就這一切改變」的眾神，使其「變化書經緯穿梭，從開天闢地一路編織到當今」（I，頁 1-4）。之後，從世界創立寫到凱撒死而封神，結尾在奧古斯都之聲譽遠播，仿佛羅馬帝國的建立就是世界的走向，從這個架構來說，《變形記》確實有史詩的宏偉。但是此書中以「變形」為主題，又常常採用框架故事（frame story）的技巧，在故事中套入故事，呈現多元觀點，特別顯露出世界的混亂。雖框架故事的結構也暗示多元外仍有秩序，但此書沒有一個強勢的敘述者來解釋故事和故事間的邏輯關係，所以似乎看不出此世界中的秩序為何。故事中又多有叛變、綁架、強暴、謀殺等情節，而且操控故事走向的神，往往不是周夫或命運，而是愛神維納斯和其子丘比德，諸般惡作劇使人／神不由自主愛慾橫流，往往只是為了證明其具有掌控三界諸神的能力。這些混亂時而以暴力、死亡或變形收場，時而漸趨和平，找到妥協平衡，一直到最後維納斯才服於命運，聽從周夫之話，眼見其子阿涅阿斯之後人凱撒遭刺，最後她「潛入羅馬元老院的會議廳，抱起凱撒的身體剛釋放的靈魂，趁它尚未在大氣中消散之前，把它接引上繁星點綴的天界」（XV，頁 843-47）。此處敘述者作結道：「陸界歸奧古斯都管轄，奧古斯都一如周夫，是父親兼君主」（XV，頁 858-60）。

# 肆、重要文本段落分析

## 一、《聖經》

### 〈創世記〉一至四章

　　〈創世記〉第一、二章似乎重複紀錄了世界的創造，在第一章至第二章第三節中，「人是整個故事的高潮」，第二章第四節至第三章末，「人則是一切的樞紐」，此處事件「是按邏輯順序描述，不是按時間順序」（柯德納 頁59）。後段中還出現了「耶和華神」這樣的雙稱謂，從這也許可以得知在描述故事發展的同時，作者越發看出神對人世的涉入越來越深，也越發能點出人如何從自己的觀點去瞭解神。

　　第一章至第二章第三節中呈現的是一個極有秩序的世界：一開始就由神縱觀全宇宙，掌控全局，點出「起初，神創造天地」，即使「地是空虛混沌，淵面黑暗」，神的靈仍然「運行在水面上」（1: 1）。之後，除了依序描述每天的創造，連句法用字都是不斷重複，一開始一定是「神說」（1: 2，6，9，11，14，20，24，26，29），再言「事就這樣成了」（1: 6，9，11，15，24，30），然後用「神稱」描述神為所造之物命名（1: 5，8，10），待萬物按神命令定位成形，則結述「神看著是好的」（1: 4，10，12，18，21，25），惟有第六天造完人是說「神看著所造的一切都甚好」（1: 30），而對每一天的描述則以「有晚上有早晨，這是第N日」作結（1: 5，8，13，19，23，31）。在造物中，第一、二天不是造實質的物，而是「分開」（1: 4，7）光與暗、晝與夜、空氣上與空氣下的水，星體則是第四天才創造出來，用以「分晝夜，作記號，定節令，日子，年歲」（1: 14）。在第三、第五、第六天創造植物與飛鳥走獸之時，則不斷強調「各從其類」（1: 11，12，21，24，25）。這些重複的字眼，都強調宇宙萬物是各安其

位、循環不息的，其秩序也是美好而又蒙神祝福的。而在一切準備就緒後，神以「祂的形像造男造女」（1: 27），並「賜福給他們」，要他們「生養眾多，遍滿地面，治理這地」（1: 28），最後又設立了第七日為安息日（2: 3）。

　　光就這一段敘述看來，希伯來／基督教文化中的世界是豐富美好但不混亂的，秩序乃神所創造的，是美好豐富的必要條件，而人和神關係緊密：神創造了秩序，人則參與並維持這個秩序，受命「生養眾多，遍滿地面，治理這地；也要管理海裡的魚，空中的鳥，和地上各樣行動的活物」（1: 28），人也享受這個秩序帶來的和諧豐盛。然而，第二章第四節後觀點突變，焦點集中在人被造的過程，好像電影鏡頭拉近特寫一般。第一章用「造男造女」四字帶過的場景，此處從造男開始，細細描繪「神用地上的塵土造人，將生氣吹在他的鼻孔裡，他就成了有靈的活人，名叫亞當」（2: 7），並且神也吩咐他不可吃「分別善惡樹」上的果子，告訴他「因為你吃的日子必定死」（2: 16）。再來還詳述耶和華神認為「那人獨居不好」，決定要「為他造一個配偶幫助他」（2: 18），卻又不立刻造出配偶，反而讓亞當去為萬物命名，感受到尋不著「配偶幫助他」的無力（2: 20），才「使他沉睡……，用那人身上所取的肋骨，造成一個女人」（2: 21），而亞當一見那女人就吟詩：「這是我骨中的骨、肉中的肉，可以稱她為女人」（2: 24），最後提到「當時夫妻二人，赤身露體，並不羞恥」（2: 25）。這樣近距離的觀察顯示人神之間氣息相連，夫妻之間也毫無隔閡，顯示創世記中認為世界上人和神、和其他人、和萬物都原有親密美好的關係，對自己也有一種安然，沒有懼怕，完全不需要掩飾。之前，神造萬物都「分開」，但此處萬物之間都有了連結，以人神連結和夫妻連結為基礎，萬物在人的看守管理下運行，人又依神的引導體驗世界，並不需要「知道善惡」。

　　但第二章結尾有「當時」二字，洩漏作者知道人後來就開始有自覺羞恥的問題。在第三章的描述中，蛇誘惑女人時，使用了非常模稜兩可的語言，相對於神說「你吃的日子必定死」，蛇先是模糊焦點，用疑問句問「神豈是真說，不准你們吃園中所有樹上的果子嗎」（3：1）？似乎在用詫異的語氣質疑神的小氣。之後，又說「你們不一定死」（2：4），而「不一定死」的原因竟說成是「神知道你們吃的日子眼睛就明亮了，你們便如神能知道善惡」（3：4），以此暗示：神其實因為想要高人類一等而欺騙了他們。從這個脈絡看，人吃此果，無異是表示他們真懷疑神故意不要他們吃這有神效的果子，忽視了神看賜給他們的一切都是「好的」（good），所以他們早體驗了什麼是善（goodness）。從後面的結果看，人類吃了果子以後，眼睛的確明亮了，看到的卻是自己赤身露體的羞恥（3：7），看到的是自己的不堪，而非善惡。人也開始害怕和神面對面（3：10），當神問亞當是否「吃了我吩咐你不可吃的那樹上的果子」時（3：11），亞當立即推卸責任，聲稱「你所賜給我與我同居的女人，她把那樹上的果子給我，我就吃了」（3：12），至此，人已失去了神的形象，不再能負起責任，也失去了骨中骨、肉中肉的親密關係。至此，希伯來／基督教文化的世界變成了一個關係斷裂的世界：在耶和華神的咒詛中，「〔蛇〕和女人彼此為仇；〔蛇〕的後裔和女人的後裔也彼此為仇」（3：15），原本「生養眾多」的祝福變成咒詛，女人要承受「懷胎的苦楚」，並且「生產兒女必多受苦楚」（3：16）；女人對丈夫的「戀慕」換來的不再是丈夫的珍惜或兩人同心同行，而是丈夫的「轄制」（3：16）；另外，本來供養人類的「地必為〔亞當〕的緣故受咒詛……，長出荊棘和蒺藜來」（3：17-18），亞當也需「汗流滿面才得餬口」，最終「歸於塵土」（3：19），人和人、人和自然間都不再和諧。

　　在《聖經》中，這個世界在人類墮落後變成一個充滿艱苦、壓

迫、終歸死亡的世界，人又帶著極強的失落感，知道這些苦難都是
因祝福變了調，在苦難中會渴望回到被趕出的伊甸園。雖然第三章
末尾，神「為亞當和他妻子用皮子作衣服」（3: 21），表示神仍是想
保護人類。但第四章就顯示出世界中的秩序與關係已崩壞，連神都阻
止不了：此處該隱、亞伯即便是兄弟，一旦起了競爭嫉妒之心，該隱
就無法明白其祭物不蒙神喜悅是因其行得不好，不聽神的勸告制服其
罪，反而說話間就把亞伯殺了（4: 6-8）。當神質問「你兄弟亞伯在那
裡？」他竟冷冷地回答：「我不知道！我豈是看守我兄弟的嗎？」（4:
9）。這故事顯示人世間已失去了相互守護之心，而流血暴力帶來的懲
罰是「流離飄蕩」（4: 12），這樣的懲罰該隱又覺無法承受，覺得失
去神的同在後，他生命隨時都可能遭害，耶和華於是又「給該隱立一
個記號，免得人遇見他就殺他」（4: 15），這顯示墮落的世界中仍有
公義，只是這公義並無法重建人與神、人與人的關係，也顯示當公義
可能帶來更多的殺戮不公時，神也會介入保護。

〈出埃及記〉一至三章

　　〈出埃及記〉中對這種人世間的欺壓艱苦和失落感刻劃更深，第
一章就記載當時埃及王不知希伯來先祖約瑟曾助埃及渡過饑荒，[6]害怕
希伯來人謀亂，便「加重擔苦害他們」（1: 11），「使他們因作苦工覺
得命苦」，除了要他們和泥作磚建城（1: 12），之後甚至命令收生婆
要殺掉所有接生的男嬰，此計不成後，法老甘脆命令百姓把希伯來
男嬰都丟到河中（1: 15-22）。面對這些壓迫，希伯來人似乎只能「歎
息哀求」（2: 23）或想法自救，但是第一章也留下伏筆，提到神厚待

---

6　〈創世記〉第三十七與三十九至五十章記載約瑟遭兄長賣到埃及，後依神指示
　　解法老王夢境，成為宰相，豐年儲糧，解救了埃及與鄰近區域的饑荒，也將父
　　兄七十人接至埃及供養；出埃及時，男丁有六十萬人（出十二37）。

保護希伯來人的收生婆，仍然使希伯來人照〈創世記〉的祝福生養眾多、「極其強盛」（1: 20-21），顯示在猜忌壓迫之中，神依然維持公義，施行拯救。〈出埃及記〉第二章中記載摩西的媽媽為救摩西，把他放在「蒲草箱」（ark）中，再把箱子放在水邊蘆荻間，讓法老的女兒撿回去收養（2: 1-10），這個「蒲草箱」原文和挪亞的「方舟」是同一個字，顯示摩西能得救似乎也像挪亞一樣是神主動安排的，[7] 這樣得救的主題也不斷出現在《聖經》中，用類似的意象呈現。

摩西一開始似乎也試著參與神的解救計畫，他長大後為自己的百姓打抱不平，殺了一位欺負希伯來人的埃及人（2: 11-15），但也因此逃亡曠野多年，似乎徒勞無功，但《聖經》卻結論：「神聽見〔以色列人〕的哀聲，就紀念祂與亞伯拉罕、以撒、雅各所立的約。神看顧以色列人，也知道他們的苦情」（2: 24-25）。到第三章耶和華神讓摩西看到一個異象，是「荊棘被火燒著，卻沒有燒毀」（3: 2），而神又從荊棘中和摩西說話，這樣的奇景顯示世界的艱苦壓迫並不能毀掉屬於神的人，而神也開始教導摩西，先告訴他「當把你腳上的鞋脫下來，因為你所站之地是聖地」（3: 5），強調了神在乎聖潔的特質。再者，神保證「我的百姓在埃及所受的困苦，我實在看見了……，我下來是要救他們脫離埃及人的手，領他們……到美好寬闊，流奶與蜜之地」（3: 7-8），前後又三次強調祂是以色列先祖的神（3: 5，15，16），提醒摩西神不會忘記與亞伯拉罕、以撒、雅各立的約。另外，

---

7　〈創世紀〉六至八章中記載神看見人「終日思想的盡都是惡」（6: 5）、「地上滿了強暴（6: 11），因此「後悔造人在地上，心中憂傷」（6: 6），決定將「凡有血氣的人……和地一併毀滅」（6: 13）。但「惟有挪亞在耶和華眼前蒙恩」（6: 8），在降下大洪水之前，蒙指示造方舟，拯救其家人與各種動物。洪水後神重新祝福人「生養眾多」（9: 7），並以彩虹和人立約，答應「凡有血肉的，不再被洪水滅絕」（9: 11）。

神又告訴摩西祂的名字是「自有永有的」（I am who I am）（3: 14），強調他的永恆性。這顯示在希伯來／基督教文化的世界中，有一位永恆不變的神，這神同時超越歷史也涉入歷史，在敗壞壓迫的世界中，在人類努力掙扎想要回到人墮落以前美好的狀態時，祂會適時出手拯救並且導正歷史。

## 〈啟示錄〉二十一至二十二章

啟示錄的最後兩章，可以看到在歷史結束時，人終於能回到這個美好狀態，在此「神要擦去他們一切眼淚；不再有死亡，也不再有悲哀，哭號，疼痛」（21: 4），並且「再沒有咒詛」（22: 3）。《聖經》中許多曾出現的意象，在這裡意思更加清楚豐富。原本聖殿所在的耶路撒冷，就是神透過獻祭與人同在之處，此處更顯出耶路撒冷其實預表（foreshadow）了「新天新地」（21: 1），在此「聖城新耶路撒冷由上帝那裡從天而降，預備好了，就如新婦妝飾整齊，等候丈夫」（21: 2），顯示夫妻間那骨肉相屬的親密關係，原本就是神人關係的預表；在此「神的帳幕在人間・祂要與人同住」（21: 3），人和神的關係恢復了，而這關係不止是相愛相守，更在彼此相重中給對方榮耀。此處神說：「我要將生命泉的水白白賜給那口渴的人喝」（21: 6），也有「生命水的河，明亮如水晶，從神和羔羊的寶座流出來」（22: 1），這描述似乎呼應耶穌曾說：「我就是生命的糧，到我這裡來的，必定不餓；信我的，永遠不渴」（約翰福音六章 35 節），也呼應祂在最後晚餐舉杯時提到：「這是我立約的血，為多人流出來，使多人得赦」（馬太福音二十六章 27 節）。這生命泉的水，就像〈創世記〉中神吹入人鼻孔中的氣一般，使人重新可以有神榮耀的形像，不同的是這次人要採取主動來到泉水前飲水，然後就能「得勝」，並且「承受這些為業」（21: 7）。前後神兩次宣告「我是阿拉法，我是俄梅戞」

（21: 6；22: 13），用希臘文的第一個和最後一個字母描述自己，顯示神既然創造了這個世界、給了這個世界秩序、明訂人的角色和人與人之間的責任、又自願與人建立骨肉相連的關係，神就要把墮落多災的世界帶回那個榮耀豐富的境地，完成歷史，也完成創造之功，使宇宙「有神的榮耀光照」（21: 23），「不再有黑夜」，人不只是「治理全地」，而是「要作王，直到永永遠遠」（22: 5）。唯一的分別是「為義的」和「不義的」、「聖潔的」和「汙穢的」（22: 11），前者「可得權柄到生命樹那裡，也能從門進城」，後者只能在城外（22: 14-15），「在燒著硫磺的火湖裡」經歷「第二次的死」（21: 8），而人所謂得勝就是指其仍在世界苦難壓迫中、在心靈受傷時，都仍超脫時空框架，看到焚而不毀、活在神光中的可能性。

## 二、《神譜》

《神譜》前言中敘事者呼籲神啟、頌讚諸神後，故事才正式開始，創世之初並沒有任何神主導世界的形成和創造，「最先產生的確實是卡俄斯（混沌），其次便產生該亞──寬闊的大地」（115-16），[8]「產生」意味著神並非一開始就存在，混沌中產生的也不是光和秩序，而是「厄瑞波斯和黑色的夜神紐克斯」（123），之後才有「埃忒耳和白天之神赫莫拉」（125）。愛神此處也並非驅動生命循環的動力，而是厄羅斯，「能使所有的神和所有的人銷魂蕩魄呆若木雞，使他們喪失理智」（121-22）。之後從混沌生出大地該亞（116-17），她與自己所生的廣天烏蘭諾斯彼此交合，但帶來的也不是和諧（126），烏蘭諾斯被描繪成「性慾旺盛的父親」，為其「狡猾多計」的兒子克洛諾斯所恨（137-38）。文本中，對天地其他孩子的描述，

---

8　中文版是以散文方式呈現，此處詩行是依英文版標註。

多著重其力大強健，完全沒有暗示世界有多美好或有何種秩序。其中
三個兒子都「只有一個眼睛……強壯有力，手藝精巧」（143-46），另
外三個兒子「肩膀上長出一百隻無法戰勝的臂膀，每個人的肩上和強
壯的肢體上都還長有五十個腦袋」（150-53），連他們的父親烏蘭諾斯
都「憎恨」（155）他們，把他們「藏到大地的一個隱祕處，不能見到
陽光」（157-58），其父甚至「十分欣賞自己這種罪惡行為」（157）。
「罪惡」二字也顯示了敘述者並不認同這種行為，暗示烏蘭諾斯的病
態，而其逆行也引致該亞與其子克洛諾斯結盟，趁烏蘭諾斯「渴求愛
情，擁抱大地該亞」時（176-77），克洛諾斯「飛快地割下了父親的
生殖器，把它往身後一丟」（179-81），滴出的血先是使大地長出「強
壯的厄里倪厄斯和穿戴閃光盔甲、手執長矛、身材高大的癸干忒斯，
以及整個無垠大地上被稱作墨利亞的自然神女們」（185-87）。[9]另外
丟進大海的生殖器「在海上飄流了很長一段時間，忽然一簇白色的
浪花從這不朽的肉塊周圍擴展開去，浪花中誕生了一位少女」（190-
92），也就是愛神阿佛洛狄特（Aphrodite，羅馬人稱維納斯），帶
來「少女竊竊私語和滿面笑容，以及伴有甜蜜、愛情和優雅的欺騙」
（205-06）。第一代神還包括夜神紐克斯所生「可恨的惡意之神、黑色
的橫死之神和死神……誹謗之神、痛苦的悲哀之神……司掌命運和無
情懲罰的三女神……欺騙女神、友愛女神、可恨的年齡女神和不饒人
的不和女神」（211、214、217、224、225）。這些都可看出，希臘人
的世界充滿暴力和仇恨，情慾結合只帶來醜怪的巨物，而情慾帶來的
欺壓引發出更多的欺騙、詭計和暴虐。

　　這之後，雖有大海蓬托斯「誠實可信」的長子涅柔斯出現，他和
環流大洋的俄刻阿諾斯之女多里斯結合，生下了些可愛而又「擅長技

---

9　或可譯作暴怒（復仇女神）、巨人和灰樹女水仙（頁 46）。

藝，無可指責」的神女（223-64），這種父子爭競相殘的場景並未消失：克洛諾斯不但強娶瑞亞，又為了怕被推翻，把孩子一個個吞進肚子（453，67），使得瑞亞不得不求助於該亞和烏蘭諾斯，誓言「為天神烏蘭諾斯和被吞食的孩子們報仇」（472-73），她也從天神、地母得知「克洛諾斯及其勇敢兒子注定要發生的一切」（475-76），她使計「把一塊大石頭裹在襁褓中，送給強大的統治者天神之子」（485-86），救下了小兒子宙斯。而「廣闊的大地從瑞亞手裡接過宙斯，在廣闊的克里特撫養他長大」（479-80）。故事至此，透露希臘人認知的世界雖充滿暴力、仇恨和詭詐，連血親也互相殘殺，但也有「命運」來平衡諸神的爭鬥，大地也有輔育餵養之功。之後宙斯雖仍是「憑強力打敗」其父克洛諾斯（490），「剝奪他的一切尊榮，取而代之成為眾神之王」（491-92），但他也同時「釋放了天神之子和他父親的兄弟們」（501）。作者在此點出「這些神曾被他父親愚蠢地捆綁起來，現在他解開了他們身上可怕繩索」（501-03），而這些神也「不忘感謝他的好意，贈給他閃電和霹靂」（503-05），以此暗示單用暴力終究不能掌控全局，且天地間雖不見得有完全的公義，但仍有一種平衡。宙斯之後處事也看出天地間的殘暴和平衡：一方面他重懲欺騙他又偷走火苗給人類的普羅米修斯，「用一支長矛剖開他的胸腔，派一隻長翅膀的大鷹……不斷啄食他那不死的肝臟」（521-24），但當赫拉克勒斯來解救普羅米修斯時，宙斯卻又施恩默許（526-30）。宙斯一方面依著該亞的忠告，解救那三位有五十顆頭顱、一百隻膀臂的神靈（624-28），結合他們的力量去與克洛諾斯的兄弟提坦神作戰，一方面自己也在戰鬥中使「沈重的霹靂迅即衝出他那壯實的大手，雷聲隆隆，電光閃閃」（691-92），最終戰勝，「把他們拋入大地下面的塔耳塔羅斯，用不堪忍受的鐵鍊把提坦神鎖在那裡」（718-19）。而當眾神「用武力解決了與提坦神爭奪榮譽的鬥爭」後（882），也願意「根據地神的

提示⋯⋯，要求⋯⋯宙斯統治管轄他們」（883-84），宙斯「為他們分配了榮譽的職位」（885），使得宇宙終於在混亂暴力中慢慢找到平衡，可以在循環爭鬥中現出些許秩序。

## 三、《變形記》

　　《變形記》第一卷的創世故事一開始「混沌」就存在了，並不是「產生」的，是指「面貌模糊不可辨」的大自然（9），[10] 此時「一切形狀都無法固定：就在單一形體內，熱與冷互相衝突，濕與乾彼此爭鬥，硬與軟互不相讓，輕與重僵持不下」（19-22），似乎和《神譜》中一開始的混亂類似，但卻又暗示世界中自有一種平衡諸力的方式，不像《神譜》一開始就父子暴烈相殘。《變形記》中「和善的造化神」（23）也很快就出現了，「他解決一切紛爭，分開天與地，隔離水與土，區別清氣與濁氣」（23-26），使「各元素找到自己的定位，彼此和諧共存」（26-27），之後又「區隔三界」（33-34），甚至以川流洋海「營造對稱的美感」（34-35），也「不允許諸風在天界不受任何節制，以免因風生亂流」（57-58）。此造化神的角色已近乎《聖經》中的神，使天地氣水各安其位，只是其手法顯然沒有《聖經》中的神那麼有威嚴，也非從無造有，而是順應萬物平衡的需要訂立規範。世界中「當萬物既已分疆定位⋯⋯，處處都有適宜所居的生命形態」，魚獸鳥類似乎自然而然出現，各居其所（69-75），並非如《聖經》中萬物皆由耶和華所造，又加以祝福。此處，連人類也被描述成是因應宇宙世界發展需求而生，是因為萬物形塑完成後，需要「有心智比較高

---

10 中文版是以散文方式呈現，此處詩行多是依英文版標注，而此英文版詩行因翻譯語句調整，與原文詩行並不完全相符，可能與原文會差了一兩行，故仍參酌了中文版本的行數。

超、能力比較高強，而且地位比較高貴的物種來統治」（76-77）。此處人的地位是比《神譜》中尊貴許多，「也許是創世神從神聖的胚種中創造出來的，為的是營造更美好的世界」（78-80），又或許是「普羅米修斯取來新生的土壤混合新降的雨水，依照萬物之主眾神的形像塑造出來的」（81-85），但是神人之間並沒有太多互動，也未描述神對人有任何指引或期待。

《神譜》中父子相殘的戲碼，在此處也只輕輕帶過，烏蘭諾斯根本沒被提起，羅馬文化中又把克洛諾斯稱為薩圖努斯，把他掌權的世代稱之為黃金時代，「沒有律法，凡事無需強制，放心而行就是走正義之道」（89-90），且「土地不用耕作就有結果，……牛奶和瓊漿川流不絕」（109-12），像極了《聖經》中對伊甸園或應許之地的描述，只是語氣上已有一種美好時光不復歸來之感。而此文中從「薩圖努斯被流放到幽冥世界，周夫掌握宇宙的統治權」後（113-14），世界似乎自然而然地落入白銀時代，再轉為青銅時代，人類「天性更傾向殘忍」（126），最後黑鐵時代中，「虔誠徹底瓦解，人情全面溶解，天神爭先恐後離棄血腥遍地的人間」（147-50），整個過程似乎指出，人的貪婪狡詐是世界墮落之因，但沒有說明為何人類這「高貴的物種」會墮落至此，好像人世間就會逐漸墮落崩壞。而且此處神的爭鬥並不是世界混亂的主因，反而周夫成了正義之神，召集「眾神在大理石會議廳各就各位之後」（175-76），宣稱其「統治這個世界，不曾像現在這麼擔心」（185），認為他「被迫對散居四處的人類下重手」（186-88），因為「醫不好的只好動手割除，以免健全的部位受到感染」（190-92）。而此處眾神與周夫也不只是一味用暴力毀滅貪婪不敬虔的人類，眾神有些「鼓掌表示贊同」周夫的決定（244），但「為人類悲嘆則是共同的心聲」（246），周夫本來「要把雷電打在廣闊的陸地，卻……想到火柱衝天的後果」（251-52），於是「決定

興雲降雨，使洪水氾濫成災」（260-261），在他實施正義時都也維持了憐憫之心。而當洪水後僅存的人類丟喀里翁和芭臘來到泰米絲神廟前，「雙膝跪地，彎腰叩首誠惶誠恐親吻冰涼石階」，祈求指引（377-78），「女神受了感動」（381），指示他們把「母親的骨頭隨手往後丟」（383）。此時兩人的虔誠使他們得以正確解讀神喻，認為「神喻不會要人做出大逆不道的事」（389-90），故此推論母親是指地母，「她的骨頭應該就是石頭」（393-94），也因此能帶出一個新的族類，「堅硬如鐵石，忍苦耐勞」（414-15）。整個故事點出了貪婪慾念確實破壞自然運行的秩序和人際關係，但似乎又是世界中自然會生出來的破壞力，同時也強調天神最終會重建秩序，尋求新的平衡，而人類在其中如能克制慾念、認清自己的定位、虔敬侍上，神也不會全無憐憫。

　　然而，之後的故事中，神祇就沒有如此正義平衡了，不一定總是如此有威望或可信賴。譬如在第五卷中，繆斯女神在解釋喜鵲由來時，指出他們本是九個姊妹，「自以為人多勢眾……，到帕拿索斯找我們比賽唱歌」（309-12），也指摘他們「唱的是天神大戰巨人族的故事，顛倒是非，對巨人族胡亂歌頌，卻毫無緣由地貶抑天神的偉績」（318-20）。他們宣稱自己比賽時所唱的歌是歌頌「柯瑞絲率先……賞賜穀物滋養人間，率先頒佈法典」（341-43），但是故事一開始，繆斯說完冥神在「西西里四處巡視，仔細檢查島上的地基」後（363），就提到維納斯唆使兒子丘比德去「擴張你母親的版圖」（365-66），警告他「愛的力量不斷萎縮」（369），不悅柯瑞絲的女兒可能守貞，要他「在乎我們母子共同分享的權勢」（376），去「用愛的力量把那位女神和她伯父綁在一起」（377-78）。此處冥神毫無抵禦之力，中箭後對普羅瑟頻娜「一見傾心，把她帶走了」（395），敘述者此處甚至語帶諷刺說道：「他的熱情真是速成」（396）。冥神此處不顧普羅瑟頻娜「驚哭尖叫」（397），面對仙女庫阿妮擋住他，告訴他「追女孩是

用求的，不是用搶的」（416），他似乎惱羞成怒，「揮舞御杖，猛擊
庫阿妮瀉湖」（422-23），以致庫阿妮「憂懷抑鬱……形消骨立終至
於溶解在她向來獨當一面的水域」（425-29），因其義行反而遭災。
連地母柯瑞絲發現女兒不見時，也失去照拂大地之心，「咒罵這世界
無情無義」（472-73），甚至「命令農田背叛農夫，又促使種子枯乾」
（478-79），而她找到女兒腰帶所在的西西里受創最深，「艷陽和豪雨
輪番交替，妖星邪風大行其道」（482-84），全然無辜遭災。當柯瑞
絲終於知道女兒被冥王劫走，懇求周夫幫忙，希望他能有「父親的憐
憫心」（516），周夫卻要柯瑞絲「面對現實」，認為「既然這件事是
因愛而起，那就沒有什麼搶不搶的問題了」（524-26），又勸她「有
冥神這樣的女婿並不可恥」（526-27），因為「他也是堂堂一方霸主」
（528），似乎認為情慾天然，地位高的尤有權利得其所願。此後，雖
然周夫同意「普羅瑟頻娜可以重見天日，不過有個先決條件：她在陰
間沒吃過任何食物」，指出「這是命運定下的規矩」（532），但可想
而知普羅瑟頻娜早已犯戒，她已吃了七顆石榴子（537-38），最後周
夫判定她每年必須留在陰間半年，半年可回母親身邊（564-71）。整
個故事起於維納斯權貫三界的野心，冥神、普羅瑟頻娜、柯瑞斯、庫
阿妮、西西里人似乎都受害，但由情慾引發的暴力、驚恐、哀傷、無
奈、憤怒仍逐漸平息，命運雖是不可改變，然周夫在命運規定下找出
妥協之方，而此故事也幫助繆斯贏得比賽，終能懲罰九姊妹「無禮冒
犯」（665）。之後第十卷奧斐斯下冥府救妻子時，奧菲斯甚至提醒冥
王冥后「你們的結合也是愛神促成的」（27-28），以證明愛神之力量
強大，無可抵擋，只能想法疏解妥協。

## 伍、主題縱述

上古西方人慣於跳脫時間與空間，以超然之角度，觀察在時空限制中的人，以尋找人生意義和定位，就像中國人認為一個人的功過是非必須蓋棺才能論定，人類在世經歷的意義也必須跳脫時空、看到整體，才能有定論。

《聖經》從時間之初勾勒出一條歷史軌跡，描述神的創造從完美到墮落、再到得救贖並更增榮耀的過程。其所形塑的基督教文化下，世界中有一位為世人事事妥善安排、全知全能、公義良善的上帝，祂開啟歷史、涉入人世、也賜予個人和族群在歷史中的定位。在《聖經》的描述中，這個世界因為人不信任神、不遵守祂的律例而毀壞受傷，失去原本的美好，但這個撕裂墮落因耶穌來到世上代為受罰而得到救贖，耶穌被視為歷史的中心點，舊約中所發生的事常被視為預表（foreshadow）耶穌的救贖工作，耶穌世代後的人則被認為理應跟隨耶穌的生命模式。正如奧爾（James Orr）指出：「基督教的世界觀是以基督為中心的，聚焦在基督實現了救恩的歷史」（Goheen and Bartholomew 頁 14），齊克果也提出：真正基督徒的世界觀是「在與基督相遇而有的自我存在提升中」形成（Goheen and Bartholomew 頁 13）。

基督教文化下的人一方面看見世界萬物中隱現出創世之初的秩序美好，靠著神所定的計畫各安其位、各司其職，一方面也感受自己和他人因墮落肉體而有的慾望驕傲遠離定位、彼此傷害，需願意同耶穌一起受苦受死，接受其為生命泉，洗淨己罪，以重新活出神的形像，一起成就新天新地的榮耀。整體說來，在這樣的世界中，人一方面可以安心面對自己的不足和人生苦難、等候上帝的救恩、慢慢領會上帝的心意，一方面也會謙卑並誠慎恐懼，知道自己原來不配再被稱為神

的兒女或選民，會在在各樣的考驗中努力瞭解神的心意、克制自己敗
壞的肉體、努力活出神賜下的特質和角色以祝福週遭人的生命。這樣
的世界觀使人一方面安於其位，能忍受苦難，一方面敢於挑戰現世不
公，竭力保護受欺壓者，相信神終必重新建立公義秩序。

　　希臘人的世界觀則相對悲愴。《神譜》中也是從歷史脈絡看世界
發展的，但所描繪出的世界充滿衝突，親情血緣都不是穩定關係秩序
之基礎，公義公平也非必然，善不一定有善報，榮譽／耀、位分或秩
序要靠武力去爭取去維持，秩序又隨時有可能因情慾和仇恨打破。這
樣看來，希臘人認為世界原本就是充滿暴力和爭鬥的，但經過這些爭
鬥後，終究會形成一些秩序，這之中也許強力和愛慾都是世界前進的
驅動力和破壞力，各神之間的合縱連橫也使世界無法安定，但是這些
神也並非一味爭權奪位，在情緒發洩之餘，也會顧到命運的安排和自
己力量的侷限，偶而也會有憐憫之情。在此世界，暴力壓迫、復仇、
與追求榮譽不斷循環，但其中似乎仍有定命來維持世界的運作，限定
各方神力的行使空間與破壞力，促使各方神力結合共存，並於暴虐殘
殺中仍有生生不息的生育力，以確保世界萬物得到土地之養分，不斷
滋長。

　　在這樣的世界中，赫西俄德不像荷馬在史詩中對挑戰命運的英雄
大加描述，反而是暗示有得必有失，暗示人在諸神的爭鬥中要小心謹
慎，即便諸神不見得秉公行義，也得尊重以待。他也暗示從一神得
惠，很可能就得忍受另一神的憤怒，只能靠自己觀察天時運作，努力
延續後代。一方面需小心謹慎以免冒犯神祇；一方面也需靠自己智慧
勇力，去爭取榮譽位分。如不幸失敗，也只有強吞痛苦，或者靜候命
運輪轉，或者冒受更多痛苦，奮戰到底，沒人知道命運將如何結束。

　　羅馬文化的世界觀則似乎有些綜合兩者，一方面認可世間萬物是
有秩序的，而且神也會協助維繫此秩序，羅馬文化中較被尊崇的斯多

葛學派，甚至「把宇宙看成一個有智性有靈魂的活物，有感知和理智」（Doran 頁 35），認為「人類生存的唯一目標必定是活出與這神靈的智性相符的人生」，也就是依從命運（Doran 頁 36）。因此，整體來看，《變形記》所呈現的衝突不像《神譜》中的衝突那樣暴力，也沒有《神譜》中的直接。但另一方面，這秩序也隨時可能因慾念野心而遭破壞，理智似乎不能掌握這些慾念，在這些慾念中或被這些慾念所害之人／神，又可能會因仇恨、驕傲、憂傷、恐懼等情緒，失去本性或逾距行事。《變形記》中，人神皆在各種慾望與情愛拉扯下，在外力干擾阻隔下，在憤怒、恐懼、憂傷中掙扎。此世界中的人也更依自己的特質想望做抉擇，也因這些抉擇受苦。在此世界中的人不像維吉爾史詩《阿涅阿斯記》中的阿涅阿斯，一直擔負著家族傳承，懷抱為子孫建立國家基業的盼望，忍受所有痛苦割捨，那個世界已確立為群體奮戰的英雄雖因神祇阻撓受苦，但終將建立傳世榮耀。《變形記》的世界最終也仍有盼望、秩序和光榮，但其中的混亂和慾念也是萬分真實，無可抵擋，時而滑稽，時而粗暴，人要平安只能選擇走中道，但人心又無法安於中道，總想以智慧武力奮力一搏，最後只有在苦難中妥協，接受命運安排。

　　綜合這三個脈絡，西方的世界觀其實甚是複雜，如說西方自世紀初以降，逐漸採基督教文化為其主流，那可說西方大體是認可世界是有秩序的，而且人類應該維持保護此秩序，即使在希臘文化中，命運雖對人類甚不友善，其運行也仍是在維持某種生滅的平衡。但西方人在相信人生每一個決定都有意義的同時，在放眼歷史的脈絡與永恆中定位的同時，在理智上接受最終會有神來公平審判又施以恩慈的同時，卻又常常感到神旨意之不可測，甚至感到有股破壞力隨時會冒出，帶來苦難，需要決定是否相信苦難帶著神的美意，耐心堅守良善，還是需在宇宙中奮力爭戰，打敗命運，進而確立地位。西方文化

中一方面相信人人皆有守護彼此之責，應該在神給的位分上盡力照護，一方面又察覺人人都受慾念情緒牽引，常會彼此相爭，需多加防範。也許，這種不同世界觀拮抗、交織所帶來的張力，正是西方文化議題豐富多樣的原因吧！

## 陸、討論問題

1. 觀察你所存在的時空，你覺得宇宙中有古希臘羅馬人或希伯來人／基督徒認為的這些法則嗎？你覺得應該要有嗎？
2. 如果你相信這些世界觀，你面對自己生命困境的方式會有何不同？

## 引用／參考書目

包德雯。《撒母耳記上下》。潘秋松譯。臺北：校園書房出版社，2002。丁道爾舊約聖經註釋系列。

貝爾內，克里斯提安（Christian Berner）。《什麼是世界觀？》。李沅洳譯。臺北：開學文化，2017。

昆達，莫理斯。《士師記路得記》。楊長慧譯。臺北：校園書房出版社，2002。丁道爾舊約聖經註釋系列。

柯德納。《創世記》。劉良淑譯。臺北：校園書房出版社，1991。丁道爾舊約聖經註釋系列。

高雅倫。《出埃及記》。李永明譯。臺北：校園書房出版社，2000。丁道爾舊約聖經註釋系列。

《聖經：中英對照》。合和本、NIV。袖珍本。第九版。香港：漢語聖經協會，2004。

陳立樵。《以色列史：改變西亞局勢的國家》。臺北：三民書局，2018。

奧維德。《變形記》。呂健忠譯。臺北：書林，2008。

赫西俄德。《工作與時日／神譜》。艾佛林・懷特英譯。張竹明，蔣平轉譯。臺北：臺灣商務印書館，1999。

魏茲曼。《列王紀上下》。楊長慧譯。臺北：校園書房出版社，2000。丁道爾舊約聖經註釋系列。

Doran, Robert. *Birth of a Worldview: Early Christianity in its Jewish and Pagan Context*. Lanham, Maryland: Rowman & Littlefield P, 1999.

Goheen, Michael W. and Craig G. Bartholomew. *Living at the Crossroads: an Introduction to Christian Worldview*. Grand Rapids: Baker Academic, 2008.

Grant, Michael. *The History of Rome*. London: Faber and Faber, 1993.

Hesiod. *Theogony, Works and Days*, Shield. Intro. and trans. Apostolos N. Athanassakis. Baltimore: Johns Hopkins UP, 1983.

Isbell, Harold. Introduction. *The Heroides*. By Ovid. Trans. Harold Isbell. London: Penguin, vii-xxi.

Le Glay, Marcel, Jean-Louis Viosin, and Yann Le Bohec. *A History of Rome*. Trans. Antonia Nevill. Cambridge: Blackwell, 1996.

Martin, Thomas R. *Ancient Greece: From Prehistoric to Hellenistic Times*. Second Edition. New Haven: Yale UP, 2013.

Martin, Thomas R. *Ancient Rome: From Romulus to Justinian*. New Haven: Yale UP, 2012.

Ovid. *Metamorphoses*. Trans. A. D. Melville. Oxford: Oxford UP, 1986.

Pomeroy, Sarah B. *Ancient Greece: a Political, Social, and Cultural History*. 2rd Edition. New York: Oxford UP, 2008.

Sachar, Abram Leon. *A History of the Jews*. Fifth Edition. New York: Alfred A. Knopf, 1965.

Smart, Ninian. *Worldviews: Crosscultural Explorations of Human Beliefs*. 2nd Edition. New Jersey: Prentice Hall, 1995.

Underhill, James W. *Humboldt, Worldview and Language*. Edinburgh: Edinburgh UP, 2013.

# 希臘文學

希臘地圖

# 第二章
# 智慧與「愉悅」：
# 閱讀古希臘悲劇《伊底帕斯王》

姜翠芬 [1]

## 壹、希臘歷史背景

　　希臘最早歷史可以推溯到西元前 3100 年在克里特島（Crete）的邁諾安（Minoan）文明。島上居民發展出農業技術、建造宮殿、與鄰近的島嶼進行航海貿易，其所使用的文字被稱為線形文字 A（房龍頁 55）。該文明衰亡的原因可能是錫拉（Thera）火山在西元前十六到十五世紀間的一次大爆發所導致的災害。由於火山灰遮蔽了太陽，造成饑荒；同時，火山爆發引發海嘯破壞了港口與船隻，阻斷了貿易的進行（Whipps）。西元前 1450 年，邁錫尼文明時期的希臘人佔領克里特島，邁錫尼人以邁諾安文字書寫，現被稱為線形文字 B，為早期形式的希臘文（〈米諾斯文明〉）。

　　但西元前 1000 年，巴爾幹半島北部的古希臘部族之一多利安人（Dorians）入侵，線形文字 B 的書寫系統也隨著邁錫尼宮殿的火災付之一炬（〈米諾斯文明〉）。此後數百年間，希臘文明無書寫記錄留

---

1 作者為國立政治大學英國語文學系教授。

存，史稱希臘文明的黑暗時代，但也因此發展出口傳形式的詩歌。西元前八世紀，希臘人在新發現的島嶼上建立城市，並以腓尼基文字拼寫出希臘文，以此重建希臘文的書寫系統。據推測，此時可能是為了貿易才會重新建立書寫系統（宮布利希 頁 66-67）。

西元前近五世紀，愛琴海的多數島嶼與小亞細亞沿岸的城邦組成以雅典為首的提洛聯盟，歷經西元前 480 年的薩拉米斯海戰與 479 年的普拉提亞戰役，最終成功地抵禦了波斯的入侵。此數十年間的一系列戰爭史稱波希戰爭（房龍 頁 81-82）。直到西元前 449 年，提洛聯盟最終與波斯達成和約，波希戰爭正式結束。

波希戰爭後提洛聯盟擴張，雅典壓迫聯盟成員的城邦並向他們徵稅，導致與雅典敵對的城邦以斯巴達為首組成伯羅奔尼薩聯盟，並於西元前 431 年爆發伯羅奔尼撒戰爭（宮布利希 頁 106）。雅典自西元前 415 年的西西里遠征後元氣大傷，無力抵抗斯巴達（〈伯羅奔尼撒戰爭〉）。

索夫克里斯約在西元前 409 年所寫的希臘悲劇《伊底帕斯王》，背景大約就是在伯羅奔尼撒戰爭（西元前 431-404 年）的末期。此時的雅典已過黃金強盛時期，正奮力與斯巴達做最後殊死戰。五年之後，即西元前 404 年，雅典向宿敵斯巴達投降，從此再也沒有恢復昔日榮景（房龍 頁 83-84）。

西元前 359 年，希臘北方的馬其頓崛起。希臘聯邦組成反馬其頓同盟，但在前 338 年的喀羅尼亞戰役中被馬其頓打敗（宮布利希 頁 106-07）。

## 貳、希臘悲劇簡介

一般認為希臘悲劇源自於祭祀酒神戴奧尼修斯（Dionysus）發展

出的歌舞酒神頌。關於悲劇的討論源自亞里斯多德（Aristotle，西元前384-322年）的《詩論》（*Poetics*），其討論以希臘劇作家埃斯庫羅斯（Aeschylus）、索夫克里斯（Sophocles）與歐里庇得斯（Euripides）所作之悲劇為基礎。[2] 亞里斯多德對悲劇之定義為「對一個嚴肅行動的模仿，由於這一行動具有一定的規模，所以自身是完整的」；悲劇包括「引發憐憫與恐懼的事件，並以此達到情感上的淨化」。亞里斯多德所謂之「淨化」（catharsis / purgation）意為悲劇中呈現的痛苦與失敗帶給觀眾的不是沮喪，而是如釋重負的感覺。此一效果將悲劇與喜劇等其他形式的戲劇區隔開來，也成為悲劇的獨特之處。亞里斯多德認為悲劇作家營造淨化效果的意圖會決定悲劇英雄的選擇與特質和整部悲劇的架構。一位最能造成最佳淨化效果的悲劇英雄（tragic hero）並非絕對的好人或惡人；他應該兼有好的與壞的特質，而且若是他的品德比一般人更出眾，悲劇的淨化效果會更強烈。悲劇英雄因為具有悲劇缺陷（harmatia / tragic flaw，又稱為悲劇性格缺點）導致他做出錯誤的選擇或行為。[3] 當觀眾認同這個悲劇英雄，他們的心情就會跟著他的遭遇起起伏伏。因為這樣的投射作用，所以悲劇可以喚起觀眾的同情、憐憫，讓觀眾和悲劇英雄一起流淚。流眼淚是一種壓抑情感的發洩，有助於身體分泌有益的化學物質，由此達到情感上的「淨化」。

亞里斯多德把戲劇分類並歸納出來幾個重要的要素，其中最重要的就是情節（plot）。劇情結構中，最能抓住觀眾注意力的元素就會被放在最重要的地方。

---

2　亞里斯多德《詩論》中悲劇的相關資料來源為阿布朗與哈普漢，頁425-26。

3　希臘悲劇中最常見的悲劇性格缺陷為驕傲（hubris）。

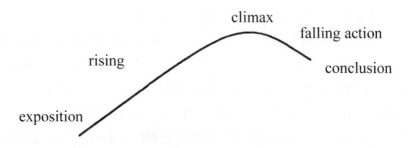

故事的一開始一定有一個人物事件的背景展露（exposition），在爬升的劇情（rising action）中要解決矛盾、化解對立。事件開始越來越快，接著達到戲劇的高潮（climax）。因為要有戲劇效果和張力，整個曲線不是完全對稱的。下降的劇情（falling action）在高潮之後很快就結束，最後在結尾（conclusion）解決戲劇中的衝突。如果下降的劇情拉得太長，就會變成歹戲拖棚。在高潮後很快結束的下降劇情會讓觀眾在戲結束走出劇院的時候不勝唏噓，並且會思考這齣戲劇所給予的啟發。

另兩個重要的要素是角色和歌隊。角色和角色塑造的相異之處在於角色是一個人物，而角色塑造是這個作家或是劇作家呈現角色的方式。角色分為扁型和圓形二種角色。扁形角色比較平面；反之，圓形角色會隨著劇情發展，對生命、對自己或者是對別人產生不同的理解。而戲劇中的歌隊源自古希臘人祭典中的歌隊。祭典時，歌隊會先出來唱歌娛神，他們唱完以後就會有人開始演戲。一開始是一個人演；艾斯庫羅斯寫悲劇時覺得一個人不夠，所以他就再拉一個歌隊裡的人出來，變成兩個演員演戲。有時演員離場，歌隊就可以撐一下場面，跟觀眾說明自己的想法、評論劇中發生的事，或是刻意提供一些誤導觀眾的線索。

《伊底帕斯王》是非寫實的古典戲劇，包括開場（prologue）、進場歌（parodos）、幕（episodes）、合唱歌（stasima）、退場（exodus）

等。有些譯者將本劇分為十一場或四景，但多數譯本不分場景。本劇
奠定西方古典悲劇風格及悲劇英雄傳統。劇情緊湊，人物雖以貴族為
主，但劇中探索命運、神、英雄和人等重要議題。

## 參、劇作家索夫克里斯簡介

索夫克里斯西元前約 496 年生於雅典附近 Hippeios Colonus 的富
裕家庭，受到良好教育。西元前 480 年，因為他英俊、勇敢又善於歌
唱而被選進頌神合唱團領唱。西元前 468 年的酒神戲劇節中，索夫
克里斯打敗當時著名的埃斯庫羅斯，贏得雅典戲劇比賽酒神祭（The
Great Dionysia）第一名，自此開始劇作家生涯，後來也多次於酒神
戲劇節中得到勝利。《伊底帕斯王》是寫於西元前 409 年的悲劇，當
時索夫克里斯八十七歲。他曾於西元前 443 年參與雅典城邦事務，並
擔任雅典執政者伯里克里斯（Pericles）的財政大臣（"Sophocles" 頁
662）。

索夫克里斯性情溫和，服過公職，受人景仰。他經歷了雅典的
鼎盛時期，也目睹雅典盛極而衰。他一生所著劇作共一百二十齣，
拿過雅典戲劇比賽第一名二十次。現存的七部劇作包括：《伊底帕
斯王》（*Oedipus the King*）、《安蒂岡妮》（*Antigone*）、《伊底帕斯在
克羅諾斯》（*Oedipus at Colonus*）、《大埃阿斯》（*Ajax*）、《厄勒克拉
特》（*Electra*）、《菲洛克忒忒斯》（*Philoctetes*）與《特拉基斯婦女》
（*Trachiniae*）。

## 肆、故事摘要

底比斯的國王雷爾斯和王后約卡絲臺生下一個兒子，他們收到

神諭說這個兒子長大後會殺死父親，娶母親為妻。雷爾斯王因害怕神諭，決定把兒子拋棄在山中，讓他餓死或讓野獸把他吃掉。不料兒子卻被科林斯國的國王與皇后收養，後來成了該國的王子──伊底帕斯。伊底帕斯長大後因為聽到了自己弒父娶母的預言而逃離了科林斯，在路途中殺了雷爾斯，又娶了底比斯的王后為妻，成為新王，並與王后育有二子二女。底比斯瘟疫橫行，神諭告知要查出當年殺死雷爾斯王的兇手，才可解決天災。伊底帕斯鍥而不捨尋查真兇，後來真相大白，伊底帕斯發現自己就是兇手。王后自縊，伊底帕斯自殘雙眼並放逐自己。

## 伍、人物[4]

　　伊底帕斯：底比斯國王

　　約卡絲臺（尤卡斯達）：底比斯王后

　　克利安（克瑞昂）：約卡絲臺之弟

　　狄瑞西阿斯（泰瑞西亞斯）：底比斯年邁的盲眼先知祭司

　　科林斯國的使者（信使一）：來自科林斯國的報訊人

　　廷臣（信使二）：底比斯宮中僕人

　　牧人（牧人）：以前底比斯宮中僕人

　　底比斯老人組成的唱詩隊

　　伊底帕斯的兩個幼女

　　雷爾斯（雷俄斯）：底比斯老王

---

4　《伊底帕斯王》常用中譯本有二個，一個是曾珍珍和劉毓秀合譯本（1984）和胡耀恆和胡宗文合譯本（1998）。本文人物名以曾珍珍和劉毓秀合譯本為主，括弧中提供胡耀恆和胡宗文版本為參考。以下劇本引文亦以曾珍珍和劉毓秀合譯本為主。

## 陸、「愉悅」閱讀《伊底帕斯王》中的智慧

古希臘悲劇《伊底帕斯王》是舉世公認西方最偉大的悲劇。為什麼學者們能如此霸氣地認定這齣西元前五世紀寫就的劇作可以被譽為西方文學中的最佳悲劇？二千四百年來都沒有其它戲劇比它好嗎？這個「最偉大的悲劇」的美譽絕非浪得虛名。過去有無數學者都研究過此劇為何是經典，但我除了附和此一評論之外，我也要強調《伊底帕斯王》之所以聲譽不墜是因為它給人智慧；同時，我特別要指出閱讀這齣悲劇的過程其實是會給人「愉悅感」（下文會解釋我對「愉悅感」的定義）。

索夫克里斯大約是在八十七歲時寫下《伊底帕斯王》。雖說他可以算是一生富貴，但他卻在此劇中傳達「人的命運無常」的人生智慧。劇中主人翁伊底帕斯的身分和特質異於常人，他大起大落的生命故事令人唏噓不已。他從一位解救眾生的外地英雄、萬人之上、勤政愛民的國王、家庭幸福快樂的人夫與父親、聰明緝凶的偵探，變成殺害父親的兇手、與母親結婚生子的罪人，變成眾人唾棄、自我放逐的瞎子，下場悲慘。他在一日之內從最好命變成最歹命，明證人生無常。即使「人生無常」本來就是古今中外文學常見的主題，這個人生智慧在伊底帕斯的故事中卻因為他的特質和身分，使這齣悲劇格外有戲劇張力。無怪乎亞里斯多德在《詩學》中對《伊底帕斯王》推崇備至。

《伊底帕斯王》戲劇一開始時，伊底帕斯被塑造的形象是眾人景仰的英雄、人民愛戴的國王。從祭司、底比斯老人和伊底帕斯的對話中，我們可以推論伊底帕斯是個聰明、自信、有責任感、做事明快的行動派。前來請求國王解救底比斯於厄運的祭司說：「伊底帕斯，世人眼中最偉大的人……我們國人稱你為救星，因你一度救了我們」

（沙弗克力斯 頁 100）。[5] 很快地，當年觀看此戲的雅典人和今天的一般讀者、觀眾就記住伊底帕斯這個外地人多聰明，竟然解得出殘酷怪物司芬克斯的晦澀謎語。的確，解出這個深奧的謎語以及之後他追查真兇的過程都說明伊底帕斯比常人聰明。這也難怪伊底帕斯一出場時會自信過人的說：「我，人們所稱的伊底帕斯大王」（頁 99），因為他真的就是聰穎過人。

人民有難時，伊底帕斯也苦民之所苦，展現出民胞物與的胸懷，並且還比人民更早行動，目的就是要替他的子民解決問題。所以當祭司陳述底比斯婦女不孕、整座城既有瘟疫又有饑荒，民不聊生。這時伊底帕斯說：「你們的悲苦必定不比我的深……我的心神卻同時為你、為我自己、為整個城煩憂」（頁 100）。伊底帕斯不但親自從王宮出來見這些懇求者，他還稱他們為「孩子們」，把他的人民視為自己的小孩（頁 99）。他早已為底比斯所碰到的問題和人民的處境流淚憂心，並且已經設法處理，派克利安去求取神諭。足見他是一個非常有責任感的好國王，盡心盡力、劍及履及地為民服務。

索夫克里斯從一開始就將伊底帕斯塑造成一個聰明自信、勤政愛民、有責任感的國王。劇情接下來的發展重點是追查謀害底比斯前國王雷爾斯的行動，主導整個調查行動則是伊底帕斯。他的表現證明他不但聰明且做事積極。克利安帶回解救底比斯的神諭是「謀殺〔雷爾斯〕的兇手必須受嚴厲懲罰」（頁 102）。伊底帕斯立刻如神探般比對所有資料，細察所有線索，詢問案發地點和唯一生還者口述內容，鄭重宣布「我要查明這件事」（頁 103），並要求眾人發誓把兇手搜出來（頁 109）。他在處理這件兇殺案時明察秋毫，動作明快，思慮縝密，邏輯力強。伊底帕斯聰明自信、動作快的特性讓人印象更加深刻。

---

5 本文所使用《伊底帕斯王》是劉毓秀的譯本，下文引用頁數皆出於此譯本。

　　除了聰明、自信、果敢、受人民愛戴，伊底帕斯應該也擁有一個
幸福美滿的家庭。他的妻子約卡絲臺王后為他生有二子二女。從之後
的劇情中他行將放逐前與女兒的親密互動看來，他此刻正是享受美滿
家庭生活的時候。諸多直接和間接例子都證明他聰明、英明、位高、
幸福。這樣的情節安排都是為了接下來要凸顯伊底帕斯從最高處跌落
至最低處的反差，以說明人生無常，今日榮耀轉眼成為明日黃花。

　　與英雄國王聰明自信的完美形象形成最大反差的人生際遇是破產
成為乞丐嗎？是王朝被革命推翻嗎？在伊底帕斯的這個神話故事中，
使古今觀眾瞠目結舌最悲慘的命運，竟是伊底帕斯自己就是那「弒父
娶母」的兇手。他萬萬想不到一向行事正義、正確的自己，竟觸犯了
社會倫理道德最大的禁忌。他信誓旦旦，矢言不追查到真兇並將他繩
之以法絕不善罷甘休。他科學辦案、抽絲剝繭，最後卻查出自己殺了
素未謀面的父親、娶了母親，還亂倫生下弟弟妹妹，完成阿波羅「弒
父娶母」的神諭，成了人人得而誅之的「罪魁禍首」。命運翻轉前後
沒有幾小時，但他再也不是那個像神一樣高高在上、聰明自信的伊底
帕斯了。連他都唾棄自己，因為他是「玷汙國土的不清之物」（頁
102）。

　　「如果有比災禍更糟的災禍，那便是伊底帕斯的命運」（頁
157）。誠如伊底帕斯所言，發現自己弒父娶母還生了小孩，那真是最
最最糟的命。最後他自刺雙眼放逐自己，再也不是伊底帕斯王，而是
眾人避之唯恐不及的不祥之人；他是神最厭惡、最詛咒的弒父娶母的
罪惡之子，「為神所棄」（頁157）。伊底帕斯王從聰明自信、擁有令
人欽羨的榮華富貴生活的人，變成一個瞎子，一個不但眾人鄙棄，還
永遠被放逐的人。看到他變得如此不堪，凡人如我們還能多祈求什
麼？只能謹記「人生無常」。眼看他起朱樓，眼看他樓塌了，這是個
令人無法置信，卻又太真實的人生智慧。

　　一般閱讀《伊底帕斯王》時，由伊底帕斯這個悲劇英雄身上所習得的智慧就是不要像他一樣太自傲，也就是希臘文化中的金科玉律──人千萬不可以驕傲。伊底帕斯自以為聰明，最後才發現他是最無知的人。故事發展到幾乎把事實擺在眼前，告訴他他就是殺害前國王之兇手，他就是那腫足棄嬰，但他卻因為太聰明、太會邏輯思辨、太沒有自知之明，就鍥而不捨地尋找牧羊人這位關鍵人物，執著地、近乎「迷信地」相信自己是對的，所以才會陰錯陽差地讓事情真相大白。我們學到的智慧是伊底帕斯的悲劇英雄性格缺陷就是驕傲。讀者慎戒之！

## 一、得智慧

　　如果認定伊底帕斯是悲劇英雄，結局又是主人翁自我放逐，永世不准回到底比斯，這種讀法就是古典悲劇讀法。但我認為這齣戲的結尾沒有那麼悲慘，而且還提供了另類的智慧，那就是贖罪、活下去。在這齣戲中，命運似乎與伊底帕斯作對，它像是一隻既隱形又無法抗衡的手，將伊底帕斯玩弄於鼓掌間。然而，在這齣戲結尾，伊底帕斯做了一個不同的選擇，他的刺瞎雙眼自我放逐似乎在傳遞另一個人生哲學，要人不但不要被自己的犯錯或是命運打倒，還要「抵抗」命運；亦即，不要逃避或自殺，勇敢面對自己的錯，帶著自己的錯和改正活下去，活出人性的尊嚴。在該用什麼態度面對真相時，伊底帕斯有異於常人的選擇和人生觀，使我們不得不佩服他強大的責任感。

　　對比約卡絲臺上吊自殺，伊底帕斯選擇自戕雙眼，自我放逐。知道自己犯了弒父娶母的大惡之後，他的立即反應是自我放逐，明白昭告世人自己曾犯下惡行，以自己為活見證，奉勸世人莫重蹈他無知的覆轍。無論是他當下懲罰自己的選擇（弄瞎雙眼）或接下來他自我贖罪的新人生（自我放逐做活見證）都呼應他前面所展現的強烈責任

感。如前所述，伊底帕斯是個負責任的國王，他積極為人民的饑荒與瘟疫等問題尋求解決之道。他也是個負責任的兒子，所以才會在知曉神諭後不回科林斯去「危害」他的（養）父母。他對妻子（母親）負責，才會要求克利安好好安葬約卡絲臺（頁159）。他對女兒負責，才會請求克利安可憐她們，幫他照顧這二位不受世人歡迎的女孩（頁160）。基於這一貫為人、為事情負責的態度，他沒有選擇自殺，而是自殘雙眼，懲罰自己，不逃避自己的罪責，履行之前放逐兇手的緝兇重誓。

索夫克里斯在處理伊底帕斯的態度和做法時，使用二個對比讓我們感佩於伊底帕斯面對真相和人生最大挑戰的勇氣與執著。第一個對比是約卡絲臺的上吊自殺。王后約卡絲臺在知道真相時，選擇不去面對，或說是逃避。她一直深信她與前王雷爾斯所生之子早就死了，所以不但不疑有他，還連帶輕視神諭、先知和神。但其實在高潮前，約卡絲臺就已知道伊底帕斯王就是她的親生兒子。柯林斯使者指證伊底帕斯不是柯林斯國王的親生兒子，因為他說是雷爾斯手下一牧人把嬰兒伊底帕斯交給他的，這個時候約卡絲臺就知道真相了。所以她才會請求伊底帕斯不要尋找那個牧羊人，「不要理他，也不要把他的話放在心上，那樣做沒有好處」（頁143）。這個可憐的女人面對命運的反覆折磨毫無招架之力，只能對執意追查真相的夫君／兒子說：「我求你！不要再查詢！」（頁144）。約卡絲臺知道祕密終於要水落石出，她再也無法阻止，於是選擇了「退場」。

約卡絲臺以自殺的方式面對真相。她嫁給了自己的兒子，還跟他生了四個小孩，犯了亂倫的罪。從某方面來看，她選擇以死謝罪，算是負責任的處事態度。在整個追查謀殺雷爾斯兇手、解救人民的行動中，她算是一個被動的參與者，也可以說是一個無辜的受害者。雖然我們可能會質疑當年她怎麼能狠心遺棄自己親生的小孩，但在古時父

權為主的社會體制中，她也只能明哲保身，被動參與棄嬰。然而，命運似乎跟她作對，使她與兒子亂倫。她在跑回寢宮後瘋狂哭泣、撕扯頭髮、大聲詛咒後，親手結束自己的生命。在底比斯廷臣駭人的敘述中，我們看到狂亂的王后悲慘地被迫面對真相，勇敢地結束（她的）一切。

　　從另一方面來看，約卡絲臺的自殺代表她選擇永遠閉上眼睛，再也不需面對真相。如前所述，命運這隻無形手在這齣戲中似乎與伊底帕斯作對，不但將伊底帕斯玩弄於鼓掌間，也逼得約卡絲臺毫無招架之力。她想要扮演好她的角色，但命運卻像在跟她作對，所以她最後只能選擇一死了之。然而伊底帕斯卻選擇不自殺、不逃避，直接面對真相。他面對自己就是殺害雷爾斯的兇手、弒父娶母亂倫罪的罪魁，而他面對的方法是自殘雙眼。轉述駭人悲劇的廷臣說：

> 〔伊底帕斯〕扯下別在〔約卡絲臺〕的袍子上的雕花金胸針，將它們高高舉起，重重往雙目戳刺，同時尖聲大叫：「它們將永不會見到我犯下的大罪和承受的冤屈！它們看了太久它們不該看的人，它們從未認出我渴望見到的人是誰。」他一邊說，一邊一再用胸針戳刺。他每戳一下，血就湧出來染紅了他的鬍子──不是一滴一滴滲出來，而是像一陣烏紅的驟雨傾注而下。（頁 154）

如此真實又血腥的再現就是要傳達伊底帕斯嚴厲地懲處自己以示負責。經典文學之中少有如此戳刺雙眼的血腥自殘，而且這樣下重手執行嚴懲只是第一步。約卡絲臺的上吊自殺和伊底帕斯的自殘，兩者都需要無比的勇氣。但是，自殘雙眼讓自己活下去的態度和做法可以說是更需要勇氣。

　　除了約卡絲臺之外，索夫克里斯還用了另一個對比來襯托（或說

強調）伊底帕斯的勇氣和智慧。這個對比是神，也可以說是命運的漠然（callousness），甚至可以說是冥冥中的惡意（caprice）。雖然希臘神話中，神和命運截然不同，但在《伊底帕斯王》裡，劇中人物在提到神的作為時，多半也像在說命運。底比斯廷臣敘述伊底帕斯如何找到上吊的約卡絲臺時，他說：「有個神——不是任何凡人——領著他」（頁 154）。底比斯老人看到摸索著走出宮中、血流滿面的伊底帕斯，驚嚇地問他：「是什麼惡靈唆使你這麼做？」（頁 156）。伊王回答：「那是阿波羅」。他在雙目失明跟老人懺悔時，再三提到神對他的敵視厭惡：「阿波羅把劇烈的怨怒加在我身上，使我的痛苦達於極致」、「凡人之中神對我的厭恨最深，對我的詛咒最毒」（頁 156），「現在我成為罪惡之子，為神所棄」（頁 157），「現今世人之中神恨我最深」（頁 162）。胡耀恆和胡宗文在翻譯《伊底帕斯王》時，也發現若是從上下文中判斷這個「神」不是我們傳統神祇觀念的神時，他們就翻成「魔神」（頁 xl），這似乎也暗指此處的神是神魔不分的神。[6]

　　阿波羅的神諭預言伊底帕斯會弒父娶母，這就立刻點出神（或命運）對這個小孩既漠然地安排了悲慘的命運，又無情地不回應日後伊底帕斯的懇求，執意使萬事互相配合，巧合加上巧合，最後成就神諭，讓伊底帕斯查出殺害雷爾斯的兇手，知道自己弒父娶母。當然，神或命運非人，我們不能以凡人有限的理性思考、想像將之擬人化，

---

6　在〈新版代序——翻譯希臘悲劇的六點心得〉中，胡耀恆特別提出此詞原希臘文中是 daimon，雖然最接近英文的 demon，但不宜翻譯為惡魔、惡鬼、邪神等詞（頁 xl）。在參閱《希臘宗教》和其他學者文獻後，他們才將此詞譯為「魔神」，因為「daimon 是一種力量，可以為善，也可以為惡」，而且「一件大事發生了，當事人沒有料到、更不是他任何作為的結果，他就把導致事情發生的力量歸於 daimon，如同歸於『命運』（fate）一樣」（頁 xli）。《希臘宗教》把daimon 界定為「一種神祕的、驅人向前的力量，終極結果無從預料」（引自胡耀恆 頁 xl）。可見此處的神、魔、命運概念相當混淆不分。

揣測神的行事動機。可是這也是古希臘人二千多年前解釋他們為何遭遇挫折或厄運的方式。因此，若我可大膽假設，這齣悲劇中，其實是有個看不見的隱形角色，那就是這個對人非常不友善的神／命運。索夫克里斯沒有褻瀆神，但他清楚地刻劃出，面對伊底帕斯這樣一個人生勝利組（聰明、自信、健壯、積極行動、社會地位高），神／命運似乎喜怒無常、充滿惡意。

劇作家如此形塑神／命運神力無窮卻冷漠而充滿惡意，其目的是要強調伊底帕斯並沒有被擊倒；他沒有因此自殺或逃避責任。如前所述，他下重手執行嚴厲懲罰的第一步是戳瞎自己的眼睛，第二步就是放逐自己，不把自己的不潔帶給家人或人民，永遠離開自己的國家。伊底帕斯對自己弒父娶母感到非常羞恥，連死後都「不知要用什麼面目去見〔他〕的父親，還有不幸的母親」（頁157）。他認為連他的死亡都無法補償他對他們所做的事。他也記得自己親口跟底比斯的人民說會將兇手放逐出城，因此他在刺瞎雙眼後就付諸行動。根據底比斯廷臣所說：「他大聲叫人開門，把他呈現給底比斯的所有城民……他說他要逐他自己出城」（頁155）。出到宮外，他告訴底比斯的老人們：「我是我自己的罪的見證者——我還有什麼面目來見我的同胞？」（頁157）。所以，當克利安以代理國王的身分出現時，他立刻求他說：「我求你盡速把我從這裡逐走，到人跡不到的地方」（頁159）。在戲的最後，他又再次要求克利安把他逐出底比斯城（頁162）。伊底帕斯絕不推卸責任，勇於面對真相與自己的過錯，這個勇敢負責的形象深植人心。

雖然《伊底帕斯王》中沒有描述伊底帕斯因此生命悲劇變成跟狄瑞西阿斯一樣的智者，伊底帕斯卻以行動傳達了他面對苦難的智慧。也就是說，在神重擊他後，他應該學習謙卑，少再說話、少再以自己的聰明才智為行事依據。然而以伊底帕斯瞎眼後再度出場所說的話來

判斷，他認錯，他勇於嚴懲自己，但他卻仍對自己的選擇十分執著。他沒有以前那麼驕傲，但仍然自信。底比斯老人看到他的慘況後說：「我不能說你的作為明智，盲目活著還不如死了」，伊底帕斯回答：「我所做的事我已經盡了力做——你們不要阻擋我，不要叫我做其他的選擇」（頁 157）。這個相信自己就是罪魁禍首的人，最後還是相信自己嚴懲自己、流放自己是最正確的選擇。

　　因為急於放逐自己，他跟老人說：「讓我走」。神沒有擊垮伊底帕斯，他對生命反而有了另一種的自信。可是顯然他的樣子令人害怕，他不倫、不潔的汙點令人卻步，所以他說：「來吧，朋友，可憐我的可憐，用你們的手摸摸我吧！不用害怕，除了我，沒有別人可以承擔我的災厄」（頁 158）。伊底帕斯選擇不自殺、活下去，但是卻要背負著「弒父娶母」、「從最高掉到最低」的汙點和羞恥在外流浪；他深知他的災厄，卻選擇帶著這個災厄活下去。他似乎已從前面瘋狂自殘、歇斯底里地咒詛鬆開他腳上枷鎖的人、埋怨西西崙山的狀態中昇華。他似乎從命運的漠然或玩弄中學得某種智慧，所以才會對克利安說：「就讓我從命赴死吧。但是我很清楚這點：疾病或其他的事故都不能置我於死。某種奇異的命運把我從死神手中救出，因為我註定將要臨受某種玄祕的終局」（頁 160）。雖然這段凜然的告白說明命運的不可抗拒，但伊底帕斯清楚地宣告他會帶著這個汙點活下去。

　　面對漠然的神或惡意的命運，伊底帕斯將災厄和苦難昇華，不但沒有被擊倒，還勇敢的活下去。這是人跟神的對抗之中最難能可貴的人性尊嚴的展現——活下去。比索夫克里斯還早二十年的悲劇作家前輩埃斯庫羅斯在《阿格曼儂》（*Agamemnon*）中也說「人必得從痛苦中看見真理」（Aeschylus 頁 619）。[7] 這個真理，二千四百年前的索夫

---

7　原文：「We must suffer, suffer into truth」（Aeschylus 頁 619）。

克里斯已參透，他透過伊底帕斯的故事告訴我們人生無常。但他也藉著伊底帕斯的態度告訴我們，不要被苦難厄運擊倒，要帶著學習到的智慧活下去。

## 二、「愉悅」閱讀

　　除了智慧之外，閱讀或觀賞《伊底帕斯王》還給人帶來「愉悅感」。這個「愉悅感」並非是像中了樂透彩券給人的快樂感覺，而是使人有興奮感、有成就感、好奇心被滿足的感覺、先被吊胃口或被驚嚇、之後又得釋放的感覺，這些感覺的綜合體。想必二千四百年前古希臘人坐在巨大的戶外劇場觀看這齣悲劇時也覺得精彩過癮。我相信當時戲劇比賽結束，《伊底帕斯王》肯定是拿到第一名。雖然此劇所描述的故事家喻戶曉，索夫克里斯卻透過絕佳的劇情安排和豐富多元的語言運用，緊緊抓住觀眾的注意力。一世紀羅馬詩人荷瑞斯（Horace）在《詩歌藝術》（*Ars Poetica*）中說文學（或說詩歌）的目的有二；一是教導（instruct），二是娛樂（delight）。[8] 如前所述，閱讀《伊底帕斯王》可以帶給人智慧，但是如果這齣戲只注重傳達智慧，主題再豐饒哲理或發人深省也無法打動讀者的心。因為太著重理念容易淪為說教，令人覺得無趣。古今中外的文學大師都深諳此理，因此索夫克里斯也將他雋永的智慧用最好的戲劇形式呈現，那就是偵探劇的劇情發展形式。伊底帕斯王是偵探，身為讀者或觀眾的我們彷彿是路人偵探，跟著伊底帕斯一起辦案。從收集資訊、問案、詢問顧問（智者）、與當事人（科林斯使者）對質、最後找到關鍵證人（牧

---

8　Horace 原來是說詩人寫詩是要「幫助人或是給人娛樂」（poets aim either to do good or to give pleasure）（Horace 頁 132），但後世評論者多以 teach 或 instruct 來詮釋第一個目的，因此此處譯為教導。

人）、真相水落石出，一氣呵成絕無冷場，完全像是讓讀者或觀眾感覺像是置身在一個偵探案件中。劇作家讓我們享受閱讀過程的方法有四個：1. 情節緊湊 2. 假線索真懸疑 3. 簡潔有力的對質 4. 石破天驚的反轉。緊湊的情節讓我們興奮，好奇心得以滿足；懸疑的佈局讓（像是也在辦案的）我們在破案時似乎得到成就感；簡潔的對話吊足我們的胃口，吸引我們；劇情最後的反轉更是讓我們驚奇，所有緊張情緒最後得到釋放。

在常見偵探小說和好萊塢電影的今天看來這齣偵探劇沒什麼新奇，但寫於西元前 409 年的《伊底帕斯王》，在當時可謂史上第一（古希臘）偵探悲劇。索夫克里斯如果生在現代，一定是奧斯卡金像獎最佳編劇，因為他設計讓二個案件相互交織，一開始是追查「謀殺雷爾斯王的兇手」，等科林斯使者出現後卻跳至追查「伊底帕斯的身世」；兩個案件最後追查到底竟是同一個答案。整個追查過程非常緊湊，前後不過幾個小時，卻解開擱置了三、四十年的懸案。若用簡圖示意如下，可略窺索夫克里斯編劇的精湛之處。

當伊底帕斯跟祭司提到他早就派克利安去問阿波羅神神論時，他說克利安已去數日，也應該回國了；旋即，克利安就帶著神諭出現了（頁 111）。另外泰瑞西阿斯來到宮中的時間與科林斯使者和牧羊人到來的時間都銜接得天衣無縫，亦算得剛剛好，才能同時清楚交代情節，又使劇情發展免於冷場。其實傳統亞里斯多得的劇情安排應該是如下的曲線圖，以示劇情張力和高潮。

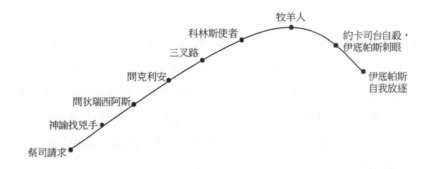

　　實際上每個事件、每個情節都發展得非常快，只有最後伊底帕斯瞎眼出場的自白例外，因為這段自白有其懺悔、自剖與宣洩的功能，劇情發展速度才趨於緩和。其餘的劇情銜接得剛剛好，令人覺得再巧不過了。例如，當伊底帕斯跟祭司提到他早就派克利安去問阿波羅神神諭時，他說克利安已去數日也應該回國了；旋即，克利安就帶這神諭回來了（頁101）。除了克利安回國的例子，狄瑞西阿斯來宮中的時間，也是安排得巧。唱詩隊建議國王可以找狄瑞西阿斯來諮詢，伊底帕斯就說他已經請僕從去請先知了，旋即，先知就來到（頁110）。另外，柯林斯使者和牧羊人來的時間也都銜接得天衣無縫。這些事件不但將情節交代清楚，事件之間的安排也環環相扣，使得劇情發展十分緊湊、毫無冷場。這樣的緊湊情節使讀者和觀眾目不暇給，隨著快速發展的劇情興奮起來。

　　第二個促使閱讀《伊底帕斯王》成為愉悅閱讀的是假線索。除了劇情緊湊之外，靠假線索（false clues）製造懸疑也是偵探文類常見的寫作技巧。《伊底帕斯王》中最明顯的假線索就是牧羊人口中的「許多」強盜。如果現代讀者完全沒有任何伊底帕斯王故事的知識，那大概會在狄瑞西阿斯明指兇手或約卡司臺提到三叉路時，開始懷疑伊底帕斯就是兇手。即便如此，基於好奇心和推理的樂趣，我們多半會被這曲折的劇情吸引，而願意看下去，或甚至迫不及待地想知

道「兇手是誰？」（Whodunit?）。如前所述，《伊底帕斯王》可以被視為是西方第一齣偵探劇，或說是推理戲劇，讀者在閱讀（觀看）此劇時，一方面好奇懸疑劇情的發展，一方面又要動腦推敲一些假線索不合理之處。隨著劇情的發展，讀者（觀眾）的推理和好奇一一得到答案。而滿足這種好奇心和渴望知道答案的心情就是閱讀（觀看）《伊底帕斯王》的樂趣。

索夫克里斯編劇的第三個獨到之處是安排了五段簡潔明快的質詢或對質。因為辦案所需，偵探伊底帕斯在問問題時，總是以短句為主。而無論是狄瑞西阿斯、克利安、約卡絲臺、科林斯使者或是牧羊人大多是用短句回答。因此線索一一被問出，真相也越問越挖越深，但這整個過程非常快速。這五段簡明的問答又以伊底帕斯跟狄瑞西阿斯的對話最精彩。急著想找出殺死雷爾斯兇手來幫人民解難的伊底帕斯聽出狄瑞西阿斯似乎知道答案卻不願意講，他立刻影射先知不顧律法、說他不愛底比斯，但伊底帕斯仍跪下懇求先知的協助。

狄：你們之中沒有人知情，我不願道破為我自己找麻煩，我自己的——而不是你們的。

伊：你這話什麼意思？你知道某些事情，但不願說出。難道你要背叛我們，毀滅我們的城？

狄：我不願把痛苦加在我們兩人身上。你何用浪費你的精力問我？我不會告訴你任何事。

伊：你的話足以激怒一粒石頭！告訴我，你這惡人，說！不要閉著嘴站在那裡，躲躲閃閃。

狄：你罵我暴躁，卻不看看你自己！

伊：你的話汙辱我們的國，誰聽了能不生氣？

狄：雖然我守口如瓶，會發生的事情還是會發生。

　　伊：既然會發生，就告訴我。

　　狄：我不願再多說。如果我的回答使你生氣，你就儘管生氣
　　　　好了。（頁 112）

如此唇槍舌劍一來一往，或一問一答，或一攻一防，有助於在極短的
時間內推進劇情。這不但讓整齣戲節奏明快，更因劇情快要水落石
出，而能緊緊抓住觀眾的注意力。就像坐雲霄飛車，車子一節一節往
上爬時，我們腎上腺素也跟著飆高。

　　在整齣戲中，最簡潔明快的質詢是伊底帕斯和關鍵證人牧羊人的
對話，而這一段對話也是這齣戲高潮的前一刻。伊底帕斯質問牧羊人
是誰將嬰兒給他帶到山上丟棄，這時兩人的對話簡短、節奏明快，速
度比上一段伊底帕斯和狄瑞西阿斯的對話更快、用語更短，戲劇張力
也增加到最大。

　　伊：你從何處得到這孩子？是你自己的，或是別人的？

　　牧：不是我自己的，是別人給我的。

　　伊：是這些城民中的哪一個嗎？或是來自什麼家族？

　　牧：喔，主人，請你——我求你，主人，求你不要再問我。
　　　　（頁 149）

關鍵證人牧人吞吞吐吐，但伊底帕斯以死刑威脅，牧羊人只能說出那
「駭人的言語」。他說他曾經手的嬰兒來自雷爾斯的家，

　　牧：聽說那個幼兒是他親生兒子；但是這件事你妻子最清
　　　　楚。

　　伊：是她把幼兒交給你的嗎？

　　牧：是的，我的主人，是她。

　　伊：她為什麼交給你？

牧：為了拋棄他。

伊：她──幼兒的母親，這麼狠心？

牧：是啊，出自對可怕的神諭的恐懼。

伊：什麼神諭？

牧：聽說他註定將弒父。（頁 149）

在伊底帕斯咄咄逼人的追問下，牧人一步一步地解開塵封多年的祕密，讓伊底帕斯與觀眾「終於」聽到伊底帕斯就是雷爾斯和約卡絲臺的兒子。雲霄飛車被推上頂點，觀眾得知真相時的感受不遜於坐雲霄飛車從最高點向下俯衝時興奮的程度。和緊湊的劇情與故佈疑雲的假線索一樣，短語問答吊住我們的胃口，緊緊抓住我們的注意力。

第四個讓我們閱讀《伊底帕斯王》「愉悅」的方法是高潮時石破天驚的反轉。雖然當年的雅典人民都知道伊底帕斯故事結局，雖然聰明的二十一世紀讀者也猜到伊底帕斯就是老王雷爾斯的謀殺兇手，然而就在牧羊人說出他就是那個當年神諭說會弒父娶母的嬰兒，就在我們也都知道他就是那個在三叉路口殺了雷爾斯的真兇，我們還是大吃一驚。但是，最吃驚的莫過於伊底帕斯，所有的驚惶與震懾都在伊底帕斯無法用語言表達的「喔，喔，喔」（頁 150）裡，因為這個劇情的反轉大大出乎他所料，完全不是他所能想像的。伊底帕斯很震驚，但是讀者或觀眾卻在此時得到最後的答案，一切隨著伊底帕斯辦案過程的緊張、懸疑、猜測、好奇、興奮、驚悚，都隨著這個高潮時刻的答案公布終止，所有緊張等諸多感覺都釋放出來。

除了四種手法，索夫克里斯還善用語言，讓讀者無論是在閱讀或看戲時，都會有文學欣賞的樂趣或是「愉悅感」。語言技巧中，他尤其擅用諷刺和象徵。劇中的諷刺語言以及對比與象徵讓讀者或觀眾要動一下大腦才會得到「解題」樂趣。這種要「參與」（engage）的閱

讀經驗給讀者或觀眾一個小挑戰，但這是絕大部分的人都可以勝任的小挑戰，因此這類成就感也會讓讀者或觀眾獲得更大的樂趣。

以諷刺語言來說，《伊底帕斯王》劇中出現三種諷刺語言：諷刺（irony, satire）、戲劇反諷（dramatic irony）和挖苦（sarcasm）。諷刺是某人所說的話和他真的要講的話意思相反。在日常生活中，若有人一毛不拔，你對他說：「你真是慷慨」，旁人就聽得出來你在諷刺（satirize）他吝嗇，而「慷慨」一詞就變成諷刺（irony）。在一般話語中，諷刺是用比喻或誇張的手法對人或事進行揭露或批評。在反映人生的文學作品中諷刺更是俯拾皆是。例如：狄瑞西阿斯拒絕說出謀殺老王真兇，憤怒的伊底帕斯在責罵先知時就嘲笑他當年竟然無法解開司芬克斯的謎語，他說：「我單憑我的機智解出謎題；我沒有什麼鳥提供我消息」（頁114）。伊底帕斯特別提到鳥，諷刺先知就是有鳥，他用鳥卜卦也是沒用的，因為他就是解不出司芬克斯的謎語。

諷刺可以是幽默的，諷刺也可以是負面、傷害人的，但是諷刺需要說者和聽者能一起「玩」這個語言遊戲，要能聽得出話語中字面和字底下意思的連結，它可以說是一種語言的藝術。然而，戲劇反諷則是戲劇作品中特有的諷刺語言，除了有複雜的二層語言意思，它還添加更誇張或超越現實的成分。例如：當伊底帕斯表示要替雷爾斯找出兇手時，他說：「我要當他是我的父親一樣為他奮戰」（頁109）。他說這話時不知道他「的確」是在替自己的父親復仇，但觀眾都知道。劇中人說出故事真相，他卻完全不知道自己說到真相，但觀眾反而都知道，這種手法就叫作戲劇反諷。這齣戲中，伊底帕斯一而再、再而三地說出這種戲劇反諷。這點「他不知而我們都知道」的觀劇特色也會使讀者或觀眾稍稍可以自我得意於我們的資訊是優於男主角的。

一般話語中諷刺可能有幽默的，也有負面的。但是英文中的sarcasm，就是貶義詞，所含的諷刺大多是尖酸刻薄的，也就是中文

的挖苦或揶揄。這種挖苦語言用得好時，也會讓觀者／讀者會心一笑。如前所述，伊底帕斯在志得意滿時曾諷刺狄瑞西阿斯，認為這位全底比斯公認最明智的先知浪得虛名。但被嘲笑的先知在臨走時對他說：「對生你育你的雙親而言，我卻是智者」，伊底帕斯兩度聽不懂他的話就說：「為何用謎語矇混？」狄瑞西阿斯說：「但是你最擅長解答謎語」（頁 115）。狄瑞西阿斯用先前伊底帕斯嘲笑他的話語反擊伊底帕斯，令看戲的的我們拍手叫好，只覺得看二人互相挖苦，棋逢敵手，十分精采。劇中頻繁出現的諷刺、戲劇反諷和挖苦都是會讓讀者看戲時，也要動腦思考和聯想。這樣參與解題，還能欣賞諷刺語言的運作，一起享受挖苦人的樂趣也就會使讀者或觀眾有「愉悅感」。

　　除了諷刺之外，索夫克里斯也非常擅長用象徵來彰顯主題，因此讀者會自然地把這三組對比和象徵——光與暗、明眼與盲眼、表象與真實——連結到本劇主題——驕者必敗。實際上，這三組對比和象徵也互相連結。伊底帕斯仰仗自己聰明、眼明、想法最正確，因此就輕看狄瑞西阿斯眼盲，認為他想法錯誤。但獲知自己弒父娶母時，他就自刺雙眼，讓自己真正活在黑暗中。狄瑞西阿斯早在戲開始時就對年輕氣盛的伊底帕斯說：「你雖有眼睛，卻看不見你的罪在哪裡，看不見你身處何處，也看不見你的同居者是何人」（頁 115）。先知所說的話句句屬實，這也是戲劇反諷，因為有眼睛的伊底帕斯完全聽不懂、也看不見自己才是「心盲」之人。伊底帕斯就是太相信自己的聰明和能力，只看到表象，而沒有看到表象底下的真實。他的自信、自傲使他盲目，也使他最終慨歎：「我要眼睛何用？」，最後自刺雙眼（頁116）。這就像玩拼圖時，我們用一塊一塊的拼圖拼成整個大圖一樣，讀者或觀眾從光明與黑暗、眼明與眼盲、表象與真實的諸多象徵語言和符號和本劇主題連結後，便會得到索夫克里斯一整個完整的編劇藍圖和主藍圖。這最終的領悟也是看《伊底帕斯王》令人感到愉悅的原

因之一。

命運在《伊底帕斯王》這齣戲中扮演了很重要的角色，但伊底帕斯卻也是自己命運的執行者。他的生命原是榮華富貴，人人羨慕，卻因太驕傲，一日內竟變成命運最不堪之人，成為眾人唾棄的弒父亂倫者。看到他的衰落，我們對生命、對自己就會更加謹慎，得到「謙受益，滿招損」的智慧。然而這樣遭神作弄的伊底帕斯竟有超乎常人的勇氣，面對自己無意間所犯之罪，他不掩飾，也不逃避，直接明白表示自己汙穢之處，並自我放逐。他用自殘雙眼懲罰自己，不自殺而用自我放逐昭告世人自己的錯誤，以警惕世人別重蹈他驕傲的罪愆。他以此方式贖罪，面對命運。凡此種種讓我們對這位悲劇英雄感佩更深。在感嘆「人不一定勝天」的同時，我們也從伊底帕斯身上看到人沒有被殘酷命運擊倒的難能可貴。

這齣悲劇給我們一個弔詭，結局很沉重，但戲劇觀看／閱讀的經驗卻是十分「愉悅」的。由於這齣戲的偵探劇情節安排，觀者／讀者的注意力就從戲一開始就被懸疑劇情和假線索一路帶著走，劇中多處短句問答使氣氛劍拔弩張，一來一往逼出最後要命的真相。不斷聽到諷刺語言、處處讀到對比象徵跟貫穿整部劇的主題連結，這些深刻複雜的主題思想、高明的劇情安排和精湛的語言運用，交織成為《伊底帕斯王》，使我們不得不讚嘆二千四百年前的古希臘悲劇作家索夫克里斯第一名當之無愧！

## 柒、討論問題

1. 你認為伊底帕斯是一個悲劇英雄嗎？
2. 你認為《伊底帕斯》的劇情安排像偵探小說嗎？這齣戲的戲劇張力在哪？請分析本劇情節安排的寫作技巧。

3. 試分析伊底帕斯的性格。他有罪嗎？他的個性跟他最後結局有何關聯？他是悲劇英雄嗎？他是英雄嗎？他為何不自殺？如果你是伊底帕斯，知道自己弒父娶母還生了四個小孩時，你會選擇自殺嗎？

4. 本劇的主題為何？劇中的象徵：眼明／眼瞎、光明／黑暗、表象／真實，跟主題有何關係？

5. 這齣戲中的神是什麼樣的神？神諭扮演什麼樣的角色？神跟人的關係為何？神是命運嗎？看到這樣的戲劇結局你對人生或命運有什麼樣的想法？

## 附錄：希臘簡史表

西元前 3400-1400　克里特島的邁諾安文明

西元前 1400-1184　邁錫尼文明（邁錫尼人與來自北非的特洛伊人）；印歐人移民入侵（阿卡迪亞人、希臘人、多利安人、伊奧利亞人）

西元前 1200-900　荷馬時代

西元前 900-700　帝國時代（希臘黑暗時代）

西元前 700-500　雅典暴君的時代；波希戰爭

西元前 479-431　雅典軍事與貿易的黃金時代；提洛同盟與斯巴達敵對

西元前約 500-429　伯里克里斯執政

西元前 459-404　伯羅奔尼撒戰爭

西元前 405　雅典向斯巴達投降

西元前 404-146　希臘城邦衰敗

西元前 338　希臘敗於馬其頓的腓力二世

| 西元前 336 | 亞歷山大大帝 |
|---|---|
| 西元前 275 | 高盧人入侵 |
| 西元前 214-146 | 羅馬人入侵 |
| 西元 1453-1821 | 鄂圖曼人統治希臘 |
| 西元 1821 至今 | 現代希臘獨立 |

# 引用／參考書目

〈米諾斯文明〉。《維基百科》，2019 年 9 月 4 日，zh.wikipedia.org/wiki/%
　　E7%B1%B3%E8%AF%BA%E6%96%AF%E6%96%87%E6%98%8E。
　　取得於 2019 年 9 月 16 日。

李賢輝。〈第 6 講愛琴海文明的藝術〉。《西方藝術風格》，2015 年 4 月 3
　　日，vr.theatre.ntu.edu.tw/fineart/th9_1000/index.html。取得於 2019 年
　　9 月 16 日。

阿布朗，M. H.，與喬佛瑞・戈爾特・哈普漢。《文學術語手冊》。吳松江
　　譯，蔡佳瑾編。臺北：書林，2012。

〈波希戰爭〉。《維基百科》，2019 年 7 月 3 日，zh.wikipedia.org/wiki/%E6
　　%B3%A2%E5%B8%8C%E6%88%98%E4%BA%89。取得於 2019 年 9
　　月 16 日。

房龍。《人類的故事》。周炎譯。臺北：好讀，2002。

哈里斯・納撒尼爾。《古希臘的歷史》。李廣琴譯。臺北：究竟，2006。

胡耀恆。〈新版代序——翻譯希臘悲劇的六點心得〉。《伊底帕斯王》。胡
　　耀恆、胡宗文譯。臺北：桂冠，1999。頁 xxix-lii。

宮布利希。《寫給年輕人的簡明世界史》。張榮昌譯。臺北：商周，2010。

沙弗克力斯。《伊底帕斯王》。劉毓秀譯。《希臘悲劇》，劉毓秀、曾珍珍
　　合譯。臺北：書林，1994。頁 91-165。

索發克里斯。《伊底帕斯王》。胡耀恆、胡宗文譯。臺北：桂冠，1999。

〈伯羅奔尼撒戰爭〉。《維基百科》，2019 年 4 月 23 日，https://zh.wikipedia.
　　org/wiki/%E4%BC%AF%E7%BD%97%E5%A5%94%E5%B0%BC%E
　　6%92%92%E6%88%98%E4%BA%89#%E9%98%BF%E5%B0%94%E

8%A5%BF%E6%AF%94%E4%BA%9A%E5%BE%B7%E6%96%AF%
E5%92%8C%E8%A5%BF%E8%A5%BF%E9%87%8C%E8%BF%9C
%E5%BE%81。取得於 2019 年 9 月 16 日。

Aeschylus. Agamemnon. *The Norton Anthology of Western Literature*, edited
by Martin Puchner et al., 9th ed., vol. 1, W. W. Norton, 2014, pp. 614-60.

Horace. Ars Poetica. Translated by D. A. Russell. *The Norton Anthology of
Theory and Criticism*, ed. by Vincent B. Leitch et al., W.W. Norton,
2001, pp. 124-35.

"Sophocles." *Norton Anthology of Western Literature*, edited by Martin
Puchner et al., 9th ed., vol. 1, W. W. Norton, 2014, pp. 660-64.

Sophocles. *Oedipus the King*. Translated by Robert Bagg. The Norton
Anthology of Western Literature, edited by Martin Puchner et al., 9th ed.,
vol. 1, W. W. Norton, 2014, pp. 666-706.

---. *Oedipus the King*. Translated by David Grene, Kafkas Üniversitesi
Akademik Bilgi Sistemi, abs.kafkas.edu.tr/upload/225/Oedipus_the_
King_Full_Text.pdf. Accessed 27 Aug. 2019.

"Sophocles." *Encyclopedia Britannica*, Encyclopedia Britannica, Inc., 17 July
2019, www.britannica.com/biography/Sophocles. Accessed 29 Aug.
2019.

Whipps, Heather. "How the Eruption of Thera Changed the World."
*LiveScience*, 25 Feb. 2008, www.livescience.com/4846-eruption-thera-
changed-world.html. Accessed 21 Aug. 2019.

## 延伸閱讀／視聽資料

埃司庫羅斯。《奧瑞斯泰亞》。呂健忠譯。臺北：書林，1988，2006。
蘇弗克里茲。《安蒂岡妮》。呂健忠譯。臺北：書林，1988。
Aeschylus. Agamemnon. *The Norton Anthology of Western Literature*, edited
by Martin Puchner et al., 9th ed., vol. 1, W. W. Norton, 2014, pp. 614-60.
Aristotle. *Poetics*. Translated by Francis Fergusson, Taipei, Bookman, 1961.
Burkert, Walter. *Greek Religion*. Translated by John Raffan, London: Basil,

1985.

"Fate, Family, and *Oedipus Rex*: Crash Course Literature 202." *Youtube*, uploaded by Crash Course, 6 Mar. 2014, www.youtube.com/watch?v=Cj7R36s4dbM.

"Oedipus Rex (1967) Completa (Pier Paolo Pasolini)." *Youtube*, uploaded by Roby Rebolledo, 12 Sept. 2017, www.youtube.com/watch?v=okBNgf0yd1Y.

"Sophocles *Oedipus Rex* 1957." Youtube, uploaded by Rey Buono, 7 Oct. 2019, www.youtube.com/watch?v=TonLOAkc1OY.

# 日本文學

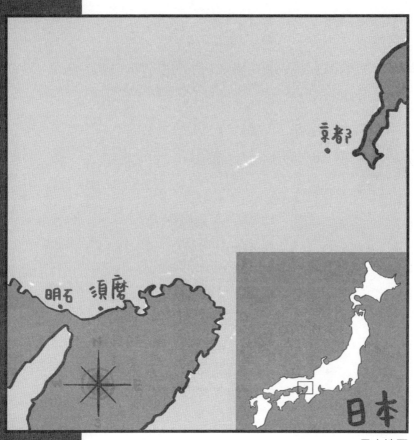

日本地圖

# 第三章
# 《源氏物語》從光源氏的戀愛故事看另一個英雄神話

鄭家瑜 [1]

Chapter 3

## 壹、歷史背景

　　《源氏物語》成書於日本十一世紀初，創作年代約為 1001-1008 年。當時正是身為「攝政」的藤原道長（966-1028）權力鼎盛的時代，紫式部在宮中服侍一條天皇（980-1011）的中宮 [2]——藤原彰子（藤原道長之女）。雖然《源氏物語》的時間設定在一個虛擬的時代，但小說中卻反映了當時政壇與後宮的許多制度及現象，因此書中出現的許多人物及情節皆可在歷史中找到與其相似的橋段。如當時的政治環境為幼年皇帝由攝政在旁輔佐，成年後又被「關白」控制，也就是所謂的「攝關政治」。在此情況下，藤原北家藉由將女兒嫁進宮中，成為皇后或女御，皆是為了能佔據控制天皇的「關白」之位，甚至家族內部產生互鬥狀況（兼通及兼家、道長及道隆）。如同當時藤原道隆（953-995）使女兒藤原定子（977-1001）入宮後，道長也隨後將

---

1　作者為國立政治大學日本語文學系副教授。
2　此時為對皇后的另一稱謂。

彰子（988-1074）送入宮中。也因此，作為彰子的女侍之紫式部在書中對爭奪中宮之位的情節也有不少著墨。文中光源氏的風流韻事，皆是基於「妻問婚」（男方前往女方住處的婚姻方式）的背景，女方住在自己家，由男方選擇晚上要去哪過夜甚至長期居住，所生的子女由女方（娘家）撫養，男方有經濟上的照顧責任。

## 貳、簡介

《源氏物語》的「物語」一詞，是日本文學傳統體裁的一種，其原意是「談話」，也就是「說一個故事」的意思，後來引申為故事、傳奇。《源氏物語》成書於西元 1008 年，耗時七年完成，是世界上最古老的長篇小說，有五十四卷。[3]

《源氏物語》的文體是細膩流暢的和文體，時間緯度橫跨七十四年，登場人物接近五百名，擁有龐大而完整的架構和世界觀。從文學的觀點來看，本作利用虛構的世界，刻劃出貴族社會的愛與煩惱、理想與現實，並藉此探討人類的本質。藉由人物個性與心理的細膩描寫，再加上巧妙融合自然之景與人間之事，使整篇作品裡縈繞著一種「物哀（もののあはれ）」的氛圍。整體來說，《源氏物語》是結合了創作故事的虛構性、歌物語的抒情性，以及女流日記文學的內省性而完成的，可謂是日本古典文學最具代表性的傑作。透過此作品，不但可以一窺平安時代的社會與文化背景，同時可以了解當時的貴族生活、世界觀、英雄觀、無常觀、愛情觀等，並可藉由此書賞析日本文學的表現方法。

除此之外，《源氏物語》對於後世的影響也極其深遠，例如《更

---

3　又作五十四「帖」。

級日記》、《とりかへばや物語》、《浜松中納言物語》、《狹衣物語》、《夜半の寝覚》等等平安時代後期物語作品皆受其影響。另外，江戶時期井原西鶴作的浮世草子《好色一代男》，近代小說家谷崎潤一郎的作品《痴人之愛》也都可以看到《源氏物語》的影子。除了文學作品，《源氏物語》在美術、藝術方面也發揮了影響力，例如：四大繪卷之一的《源氏物語繪卷》、屏風繪大家俵屋宗達的《関屋澪標図屏風》、貴族文化遊戲《貝合わせ》、香道中的「源氏香」等等也都源自《源氏物語》。

## 參、作者：紫式部

紫式部來自藤原北家，其家族是中等階級的貴族，同家族的清少納言是當時與她齊名的才女。她出身文學世家，是平安時代中期的女性作家、歌人。紫式部熟悉白居易的詩詞（例如：白氏文集等），並能背誦《史記》、《漢書》等漢籍。一位女子在那個時代能有如此的文學素養甚為難得，她的父親曾經惋惜她若生為男子，應可官至高位。紫式部大約出生於西元 973-979 年間，於 1014-1015 年過世。「紫式部」一名為後人所取，原名不詳。「紫」取自《源氏物語》女主角「紫之上」的「紫」字，「式部」是她的父親或兄長的官銜。

紫式部幼時喪母，由父親藤原為時親自教授漢學、音樂與和歌等。紫式部在二十二歲時與藤原宣孝結婚，生有一女（賢子），結婚兩年後丈夫去世。《源氏物語》是紫式部在丈夫死去之後開始寫的，主要的執筆期間是寬弘四年到五年，該期間紫式部入宮服侍藤原道長的女兒藤原彰子（一條天皇中宮）。

紫式部的曾祖父兼輔以及祖父雅正、父親為時、外曾祖父文範、外祖父為信等人全都是勅撰和歌集（天皇下令編撰之和歌集）的歌

人，每一位都是相當有名的學者，紫式部本身也有六十多首和歌被收入勅撰和歌集，從這裡也可以得知，紫式部在文學方面受到家族許多的薰陶。紫式部的父親藤原為時是當時著名漢學家，紫式部本人也在漢學方面有極高的造詣，精通《日本書紀》，因此又被譽為「日本紀之局」，意為《日本書紀》達人。[4] 紫式部家學淵源，也使得《源氏物語》有著豐富的文學要素。

## 肆、故事摘要

現今大多將《源氏物語》分為三部分。第一部分（1 桐壺－33 藤裡葉）是光源氏少年到壯年時期。這個時期的光源氏不斷的流連於女人群中，同時也從天皇最寵愛的兒子到因為犯下不倫之罪而自我流放，最後回歸京城並成為權傾一時的人物，可說是歷經光榮與受辱，豐富的前半生。第二部分（34 若菜上－41 幻）是光源氏老年時期。此時因相伴最久、光源氏最為重視的紫之上去世，讓光源氏受到相當大的打擊，再加上光源氏發現自己被天皇賜婚的對象——女三宮外遇（對象為柏木）並生下一子，這對子嗣不豐的光源氏來說非常諷刺，因此開始萌生了遁入空門之意。第三部分（42 匂宮－54 夢浮橋）則是在光源氏死後，其子女及前兩部分人物的後代所展開的戀愛故事。此稿以第一部分之〈須磨〉與〈明石〉二卷為討論重點，並將其與日本古代英雄倭建命的故事進行比較，企圖從光源氏戀愛故事的外衣中，挖掘英雄神話的要素。同時，分析〈須磨〉與〈明石〉二卷的母題以及文學方法。因此，以下故事摘要將分成（1）承襲倭建命的日

---

4 《日本書紀》全書以漢文撰寫，是日本的第一本正史。由舍人親王帶領大臣們一同編撰。成立於 720 年。

本英雄傳統（2）〈須磨〉卷故事摘要（3）〈明石〉卷故事摘要等三部分論述。

## 一、承襲倭建命的日本英雄傳統

　　光源氏的故事中有日本文學源遠流長的英雄要素。日本神話裡有一個英雄人物，日本現存最古老的書籍《古事記》（西元 712 年成立）中稱其為倭建命，《日本書紀》裡原名為小碓命、小碓尊，或稱日本童男（「童男」的意思是少年，此處指勇猛的少年）、日本武尊。「倭」的意思是「大和」，「建」意為勇猛。大和民族非常勇猛的人物就叫作「倭建命」。《風土紀》中稱之為倭武天皇。

　　根據《古事記》的記載，倭建命是景行天皇（第十二代天皇）之子，力大無窮、善用智謀，東征西討為大和王朝開拓疆土，但卻英年早逝。《古事記》描述到：小碓命的兄長大碓命替景行天皇召天皇要娶的女子（大根主的兩位女兒）進宮時，大碓命喜歡上了這兩位美女，於是直接把她們接回自己家中，因此就躲了起來不見天皇。小碓命當時十六歲，某一天景行天皇問他為什麼大碓命好久沒有出現，要他去勸一勸哥哥。小碓命以為父親是要他去教訓哥哥，後來天皇問起時，小碓命說他去勸過大碓命了。天皇問他是如何勸哥哥的？小碓命回答：他趁著大碓命清晨起來上廁所時把他的手抓住，然後折斷了他的頭部和四肢，並用草蓆裹住他的屍體，把他的遺體丟棄了。景行天皇得知後非常驚恐，於是趕緊派小碓命遠離皇宮去征討蠻族。

　　現在所知的「大和」是指奈良。奈良是最原本的都城，有一陣子遷到了大阪，後來才東遷至京都。在古代，所謂的「京城」並非一定是個固定的地方，因為只要是天皇定都之地就叫做「京城」。景行天

皇命令倭建命去征討西邊的部族，其中最有代表性的是熊曾。[5] 他出發之前去了伊勢神宮。他的姑姑倭比賣命在那裡侍奉天照大神，有預知能力，是倭建命生命中最重要的女性長輩。倭比賣命給了倭建命衣服和劍。倭建命西征時，他用倭比賣命給他的衣服扮成女孩子的樣子，趁著敵人搬新家慶祝時混進去。當對方喝醉時，他就用劍把對方殺了。

　　平定熊曾以後，他在返回京城途中到出雲擊殺出雲最勇武的出雲建。倭建命先把自己的刀換成假刀，然後假意與出雲建結交，提議二人換刀作為信物。倭建命換得出雲建的真刀後提議二人練武，藉機殺死了出雲建。倭建命回到京城沒過多久，天皇便說東邊的蝦夷作亂，又派他東征。倭建命動身之前再度前往伊勢神宮參拜，並且向姑姑倭比賣命哭訴父親派他西討後又派他東征，彷彿希望他快點死在戰場上，他在姑姑面前哭得像個孩子一般。整個故事中，倭建命的母親沒有出現，自己又被父親疏遠，因此他非常依賴他的姑姑。倭比賣命給倭建命錦囊和神劍（草那藝劍，或稱天叢雲劍、草薙劍），後來在征伐途中，經過相武國（約現今之神奈川縣）之地時，該地的首長騙他去打獵，然後在草原上放火，想要藉機殺掉他。倭比賣命的錦囊教他用神劍砍草，讓他躲過了火災。

　　倭建命在外征伐多年，期間發生許多小故事。在風浪洶湧、難以渡海的時候，他的妻子說倭建命有皇命在身，為了讓倭建命能順利繼續征伐，她跳海平息海神的怒氣。失去妻子對倭建命而言是一個很大的傷痛。倭建命死後化作八尋白鳥要飛回故鄉。[6] 白鳥飛回倭建命故

---

5　又稱熊襲。
6　在日本，「八」是一個聖數。日本人對靈魂的概念之一，是人死後會變成鳥飛到另一個世界，另一說是鳥是靈魂的交通工具。

鄉途中，只要白鳥有停的地方就有白鳥陵，象徵倭建命的墳墓。為了祭拜他，所以有了大鳥神社。[7]

《源氏物語》使用了倭建命等悲劇英雄的典故與日本英雄神話的原型，特別是傳統神話中悲情的要素。光源氏與倭建命都缺乏父母親的愛。二者的故事中都沒有母親，他們一直在尋找方法填補這部分的遺憾。即使他們在事業上非常有成就和謀略，但他們心中一直有一個地方是沒有被填滿的。倭建命妻子在風浪中跳入海中以祭海神平復其怒氣，後來遺體沒有找到，只有她的梳子隨著海浪漂回來。倭建命很難過，他非常想念他的妻子。他一生中失去許多人事物，心中有遺憾，因此被歸類為悲劇性的英雄人物。對於這些英雄的喪失、遺憾、缺陷等心理描寫，是日本英雄故事傳統的特色。光源氏可以視為倭建命故事的再生產，雖然通常看光源氏時常常著眼在他在戀愛史，跟倭建命的故事也不盡相同，但其中有很多要素是一樣的。

## 二、〈須磨〉卷故事摘要

因和當時天皇嬪妃——朧月夜之間的偷情被發現，做為當時東宮（冷泉帝）監護人的光源氏怕會連累其地位，決定在被流放前自我放逐到須磨（位於現今兵庫縣神戶市須磨區西部）。不知道自己此生能否再度回到京都的光源氏，拜訪了左大臣的家，分別和左大臣、三位中將以及和他關係親密的中納言道別。

回到二條院，光源氏看著原本總是車水馬龍的府邸，如今卻是門可羅雀，深感世態炎涼。紫之上也很消沉，她和生父原本關係就不親密，可以依靠的只有光源氏一人，如今發生了這樣的事，她的父親怕惹上麻煩，故而更加疏遠，繼母則對她的遭遇冷言冷語。儘管紫之上

---

7　白鳥神社在很多地方都有，大阪地區尤多。

希望能隨光源氏同行，但光源氏不忍心讓她前往須磨這樣的荒涼之地，於是答應紫之上若是自己今後永遠不被赦免，則無論住在什麼樣的深山或岩洞，都必定會來迎接她，並且將家臣、財產等託付給紫之上。

之後，光源氏又一一拜訪或送信給花散里、尚侍之君、藤壺之宮等有過交情的女性們，向她們道別，並且在出發前夕，親赴北山亡父之墓拜辭。最後一晚，光源氏和紫之上親密談心後，在夜深時分，帶著隨從和簡單的衣裝用品出發。雖然不捨，還是將家裡留給紫之上一人，懷抱著凝重的心情，自己帶著親信遠離了京城的是是非非。

抵達須磨後，光源氏任命隨從—良清，主持家裡大小事務，安頓好住所，開始了寂寞的隱居生活。待瑣事逐漸告一段落時，正逢梅雨季到來，令光源氏想念起京城的人事物。雖然和當地許多人有來往，但身邊沒有能推心置腹的知己，只能差人送信給京都各方之人，詢問近況。女性們的回信也都富含情意，特別是紫之上因為苦苦思戀著夫君，回信格外充滿柔情蜜意，極盡哀怨。從花散里送來的回信知道花散里的生活窮困，光源氏也特傳京城的家臣給予其援助。另外，朧月夜因為與光源氏偷情一事而被世人傳為笑柄，但天皇（朱雀帝）並未深究此事，對她寵愛依舊，並令她隨侍左右。儘管如此，朧月夜的心中還是深深思念著光源氏。天皇看穿她的心思，卻也沒有多加責備，反而使她更為煎熬。

須磨地方開始吹起秋風，夜晚的海濤鳴響尤為刺耳。獨醒難眠的光源氏聆聽著四方傳來的風聲，不知不覺流下眼淚，攬琴輕撫後又棄琴詠歌。美妙的吟詠驚醒眾侍，大家聞歌也不由得哭了起來，讓光源氏意識到大家為了自己這個主人，離鄉別愛來此窮鄉僻壤受苦，自己實在不應該繼續消沉，增加別人的負擔，於是勉強振作起來，用書寫漢詩和歌等方式轉換情緒，沖淡憂愁的氛圍。

　　光源氏雖然離開了京都，但是大家思慕他的心情卻是有增無減。太后聽聞其他人談論光源氏，遂嚴加訓誡。聽說太后盛怒，人人怕受牽連，從此不敢再致信給光源氏。另一邊，身在京都的紫之上，儘管心中抑鬱，但因為品格高尚，所以受到侍女們的尊敬，竟無一人下鄉求去。光源氏也十分思戀紫之上，但感嘆自己的居所簡陋，不好接紫之上一起來同住。被他的高貴氣質所折服的眾隨從，也無一人捨得離開主人返回京都。

　　時序進入冬天。良清想起住在明石之浦的那位皈道者的女兒，試著投信給她，卻沒有任何回音，反而是她的父親——明石入道差人傳來想要見面的訊息。事實上，明石入道計畫著將自己的女兒明石君嫁給光源氏，雖然遭到妻子的反對，但他卻堅持己見，重新布置家裡，並且更加疼愛女兒。明石君的姿色雖不是特別標緻，但氣質優雅，也相當聰明伶俐。她本人也頗有自知之明，曉得像自己這樣的女子，貴族子弟不屑一顧，但又不甘只是嫁給門當戶對的人。

　　此時已到了新年，光源氏家中來了訪客，是左大臣家的三位中將，他已晉升為宰相，但因想念光源氏，因而冒著被懲罰的風險來到須磨拜訪他。兩人乍見，悲喜交集，但在短暫的相處後，只得匆匆離去，知道相見不易的兩人在別離之時，更感辛酸。

　　轉眼又到了三月的上巳之日，光源氏一行人為了進行除穢的「修禊」儀式而到了海邊，不料卻遭遇了大風暴，眾人皆感到恐慌，趕忙逃回屋裡，只有光源氏繼續安詳地誦經。回到宅邸的光源氏小睡片刻，卻做了怪異的夢，[8]因而產生想要離開須磨的念頭。

---

8　光源氏夢見海龍宮的使者到處搜尋，並說：「宮裡頭有請，您怎麼不肯賞光呀？」遂驚醒。

## 三、〈明石〉卷故事摘要

　　暴風雨和雷鳴持續了好幾天，光源氏也因為前途茫茫，不知該返回京都或是隱居深山而心中煩惱。在惡劣的天氣下，只有二條院派了一名使者來探望，帶來了紫之上的信和京都因天候異常而政務停擺的消息。在潮水高漲和雷鳴的情況下，光源氏反省過去所做所為，並和眾侍僕向住吉神社祈願，雷雨卻依然沒有減緩，宅邸甚至因為雷劈而燒毀了一部分。

　　終於，在天候略為和緩的三月十三日晚上，疲倦的光源氏夢到了死去的父親。夢中，桐壺帝告訴光源氏要聽從住吉之神的引導離開此地，並告訴他當天清晨，明石入道一行人的船會來迎接他。隔天早上，明石入道果真乘著小船來到光源氏的臨時住所，說自己是受神明所託前來迎接光源氏。接受明石入道邀請的光源氏搬到了明石地區，在不遜於京都的氣派宅邸中過著舒心的生活，也寫了信讓二條院的使者帶回京都。

　　明石入道一心事佛，心中卻一直掛念著女兒的終身大事，時不時地提起自己的女兒。光源氏聽聞這位女性的美貌，難免心動，認為這可能是冥冥中緣分注定。但光源氏想到自己身處逆境，除了勤加修行以外，不宜心有雜念，又想到在京都等著自己的紫之上，自己不該做出對不起她的事情，故而一無表示。明石君自然也知道父母的心思，但是光源氏出色的外貌讓她自嘆與對方不相稱，不敢有非分之想，認為與光源氏的相遇只是徒然增加許多煩惱罷了。

　　就在四月的某天晚上，光源氏望著海景，不禁悲從中來，拿出久未觸撫的琴，輕彈一曲。聽到美妙琴聲的明石入道忍不住和光源氏一起彈起琴來。明石入道說自己的女兒也彈得一手好琴，光源氏便希望能聽聽看明石君的琴聲。閒聊之餘，明石入道又向光源氏傾訴自己為

女兒著想的心情，並表示自己有意撮合兩人。光源氏聽完既感動又高
興，於是在次日便差人送信給明石君，但明石君卻念及對方和自己的
身分差距，不由得感到膽怯，於是謊稱身體不適，不願回信。著急的
明石入道只好自己代筆回信給光源氏，光源氏雖然識破了這件事，仍
又寫了一封信給明石君。明石君心有所動，內心感激，想到對方竟然
看得起自己這種女性，不自覺地流下淚水。在周圍的人的勸誘下，終
於提筆回信，而她在字裡行間所展現出來的良好教養讓光源氏興趣更
濃。兩人就這樣開始交換書信，但明石君卻一直沒有向光源氏表示自
己的真實心意。

　　另一方面，從三月發生的天象異常以來，京都接連發生惡事。首
先，天皇（朱雀帝）夢到了先帝（桐壺帝）神色不悅地睥睨自己，惶
恐不已，竟患上了眼疾。此外，其外祖父太政大臣去世，母親弘徽殿
太后也生了病，而為此內心不安的朱雀帝開始考慮將光源氏召回京
都。

　　明石的季節也從夏天轉成了秋天，光源氏難耐孤獨，暗暗催促明
石入道帶女兒一起來，但這位少女心高氣傲，沒有要委屈相從的樣
子。其實，明石君覺得對方並沒有把自己放在眼中，若拿這件事情當
真，最後也只是自尋苦惱而已。她滿足於和光源氏的書信往來，更不
敢奢望接近光源氏的身邊。最後，等不下去的明石入道挑選了良辰吉
日，向光源氏暗示可以直接往訪女兒的居所。但是，沒有做好心理準
備的明石君只覺心思重重，嘆息連連，讓光源氏十分焦躁懊惱，但最
後終於有機會一親芳澤。

　　之後，光源氏也會時不時送情書給明石君，但因為顧忌在京都的
紫之上，還是寫了信告知紫之上這件事。在收到紫之上看似寬容大
量，實則語帶深意的回信後，光源氏甚至有好幾晚都不敢去拜訪明石
君。不明就裡的明石君認為光源氏要棄自己於不顧，恨不得投身浪

中，悲痛難耐，但她表面上還是很冷靜，這讓光源氏對她更為憐愛。不過每當光源氏想起紫之上，就又不忍心與明石君太過親近。

隔年，朱雀帝雖被母后壓抑著想讓位的想法，但最終赦免了光源氏，七月下旬下令將光源氏召回。收到自己被召回的消息，光源氏雖然備感欣喜，但這也代表必須和明石君分別。此時的明石君已懷孕，讓光源氏更不捨得離開她，每晚都拜訪她的住處。

到了秋天時節，終於到了光源氏出發回京的日子了。在離開前，光源氏央求明石君為自己奏琴曲一首。女方正為離別而感慨落淚，遂撥弄起琴來，那音色和曲調叫人回味無窮，確實是琴藝精湛。於是光源氏留下自己的琴作為信物，並決定日後一定要設法接明石君去京都。最後，在依依不捨的離別之情中，光源氏將懷孕的明石君留在了明石，再次回到了京都。見到了思念已久的紫之上，兩人徹夜談話，光源氏也將明石君的事情都告訴了紫之上。回歸後的光源氏，馬上官拜權大納言，八月十五日時隔兩年多再次面聖。他的風流成性在回到京都後也收斂許多，不再流連於女性之間。

## 伍、人物分析

### 一、倭建命故事登場人物

<u>景行天皇</u>：日本第12代天皇，父為垂仁天皇。小碓命、大碓命之父。

<u>小碓命</u>：景行天皇之子，又稱倭建命（古事記）、日本武尊（日本書紀）、倭武天皇（風土紀）等。因征討熊襲、東國等而成為日本古代史上傳說中的英雄人物。

<u>大碓命</u>：小碓命（倭建命）之兄。依《古事記》所述，景行天皇聽說大根王（三野國造之祖）的女兒兄比賣・弟比賣姊妹倆人

容貌極美，因而派遣兒子大碓命前去視察。沒想到大碓命最
後卻與她們私通，並且將其他女子偽裝成這兩位美女，獻給
父親景行天皇。自此便躲著父親，直到被弟弟小碓命所殺。
（日本書紀中也紀載類似的故事，不過並無被弟弟所殺之相
關描述）

倭比賣命：垂仁天皇之皇女，與景行天皇為同母所出之妹妹。倭建命
　　　　　之姑姑，為伊勢神宮（主祭神為日本太陽神天照大神）之
　　　　　齋宮。《日本書紀》稱之為倭姬命。

## 二、〈須磨〉卷主要登場人物 [9]

光源氏：約 26-27 歲。與朧月夜私通後，而在與眾人告別，退居須
　　　　磨，但依然掛念著京城的人事物。在海邊進行除穢的修禊儀
　　　　式時遇到暴風雨。

朧月夜：皇上未深究她與源氏偷情一事，但朧月夜在心中思念著光源
　　　　氏的同時，卻因為皇帝對她寵愛依舊而深感難堪愧疚。

紫之上：約 18-19 歲。被光源氏留在京中照顧宅邸和家產，儘管深深
　　　　思念著光源氏，也只能從書信往來中得知光源氏的近況。

明石君：約 17-18 歲。姿色雖不是特別標緻，但個性優雅可親又聰明
　　　　伶俐，她本人也頗有自知之明。

## 三、〈明石〉卷主要登場人物

光源氏：約 27-28 歲。奇怪的天氣持續著，直到死去的桐壺帝託夢讓
　　　　他跟隨住吉之神離開須磨，光源氏才跟著明石入道去了明石

---

9　〈須磨〉〈明石〉二卷之主要登場人物的年齡參考秋山虔編《源氏物語必携》學
　　燈社，1967。頁 117-121。

一地，並和明石入道的女兒明石君結合。最後，因為朱雀帝
的赦免，光源氏終於得以返京，重回政界中心。

<u>紫之上</u>：約 19-20 歲。從與光源氏的書信中得知其和明石君的關係，
懷著含蓄的忌妒之情。在光源氏回到京城後十分欣喜，且因
歷經這段時間而成長得更為成熟穩重。

<u>明石君</u>：約 18-19 歲。因為有自知之明而一開始不願親近光源氏，後
來在父親明石入道的一片苦心下還是和光源氏結合，並且懷
上了光源氏的孩子。在得知光源氏要回京城時傷心欲絕。

<u>明石入道</u>：畋道的播磨守，因受到託夢而去迎接光源氏來到明石，並
且因為掛念女兒婚事和家族繁榮而積極湊合光源氏和明石
君。

<u>朱雀帝</u>：光源氏同父異母的哥哥。夢到先帝（桐壺帝）神色不悅地睥
睨自己，惶恐不已而患上眼疾。此外，因國內怪事連連，為
此內心不安的朱雀帝在最後將光源氏召回京城。

## 陸、母題和重點詳析

### 一、母題 [10]

須磨、明石二卷的主要母題如下：異界訪問、貴種流離譚、移
動、離別、書信、天變地異（暴風雨等）、夢、結婚、住吉大神、
禊、父、戀母、歸鄉、成長等等。

---

10《源氏物語》的〈須磨〉與〈明石〉二卷中有許多非常重要的母題（motif）。母
　題會不斷反覆在其他文本中出現。

## 二、重點詳析

「異界訪問」這個母題，表現在光源氏流放的故事中。光源氏在須磨住在海濱的破房子，身邊僅有為數不多的隨從，這樣的生活和他從小在京城的生活環境截然不同。他離開京城，去了異鄉，這就是「異界訪問」的元素。是否為異界？其關鍵不在實際上的距離，而是心理上的距離。對光源氏來說，離開從小生活的京都前往環境大相逕庭的須磨，已經就是異界訪問了。「貴種流離譚」（岡野弘彥、西村亨頁67）[11] 則是一個貴族被流放到外地。伴隨「異界訪問」與「貴種流離」而來的是「移動」與「離別」。離別時，光源氏以「書信」傳達離別與思慕之意。在平安時代，寫信的人用什麼樣的信紙、所寫的字體與附上哪一種花都是在說明寫信的人的品味。此外，書信也扮演了光源氏與明石君媒合的角色。

另外，「天變地異」（暴風雨等天象異常）的要素，也有重要的意義。須磨的暴風雨毀壞了光源氏所住的房子，這是他前往明石的原因之一。另外，〈須磨〉與〈明石〉二卷中描述了幾次的夢，例如：光源氏夢到龍王使者找尋他，要請他去龍宮；父親桐壺帝也出現在光源氏的夢中也說自己「潛海上岸到此來，並要兒子光源氏快快離開此處（須磨）」。此外，明石入道夢到形狀奇異之人、朱雀帝也夢到父親桐壺帝。「天變地異」和「夢」在〈須磨〉與〈明石〉二卷中，同樣具有「場景轉換」的功能，它們分別促成光源氏前往明石、明石入道前去迎接光源氏以及朱雀帝召喚光源氏回京等故事情節。

除此之外，此故事也和海有關係，此故事中掌管海的是「住吉大神」。另外，「禊」（修禊）在日本文化中極其重要。日本的祭典最大

---

11 「貴種流離譚」為日本國文學者折口信夫的用語。意指神或神的後裔等尊貴之人，歷經辛苦漂泊的旅程，甚至致死等具有文藝悲劇要素類型的故事型態。

的概念就是這個字——「禊」，也就是用水來洗淨汙穢。[12] 比如人的身體是一個容器，靈魂進入這個容器，有時候這個容器接觸到不好的東西就會累積汙穢。除去汙穢最好的方式就是用水把它洗乾淨，所以日本很多的祭典都是在水邊舉行。

有關光源氏的婚姻，光源氏雖然情人不少，但實際上他正式的結婚一共只有二次。第一次是他在十二歲成年禮時和左大臣十四歲的女兒葵之上的婚姻。第二次是光源氏四十歲時娶了哥哥朱雀帝的十四歲女兒——女三宮。光源氏一生名下總共只有三個孩子，分別是他和葵之上所生的兒子（夕霧）、和明石君生的女兒（明石姬君），以及女三宮外遇所生的兒子（薰）。其中明石君的女兒明石姬君後來當了中宮，並且生下皇子（日後成為天皇），因此明石入道一家後來飛黃騰達。

光源氏從明石歸鄉後，生命有很大的翻轉和成長。朱雀帝因為眼疾退位，新帝冷泉帝是光源氏與繼母藤壺女御偷情所生之子，光源氏成為他的支持者與保護者，光源氏的官位與地位也因此有很大的提升。光源氏回京以後地位不斷晉升，面對女性的心態也沉穩許多，從原本少年放蕩的心轉為安分。〈須磨〉與〈明石〉二卷所發生的故事，在光源氏一生中是極其重要的轉折點。

如上所述光源氏的故事與倭建命故事有許多類似之處。首先是倭建命與光源氏都缺乏母愛。光源氏之母早逝且地位不高，父親雖然疼他但也很早過世。他從小對母親有一種依戀。他之所以與藤壺女御發生關係，是因為光源氏從藤壺女御身上看到母親的影子。但終歸二人

---

12 日本自古以來認為海水特別具有清潔汙穢的力量，透過在水邊（海邊）舉行的修禊儀式，可以除厄並送走邪靈。（石上堅《日本民俗語大辭典》。櫻楓社，1970。頁 1263-1264。）

的情愛關係不能長久，光源氏終其一生都在尋找具有母親的形象的女子。這點和倭建命會在姑姑面前哭泣、對姑姑極其依賴有異曲同工之妙。

　　此外，在異界訪問與貴種流離譚的母題上，倭建命不情願地在父親的命令之下東征西討，而光源氏雖然是自我流放，但他是迫於壓力，不得不離開京城避風頭。他們都是不情願的出走，經過了很多試煉。倭建命在征討過程中遇到很多敵人；光源氏則是在須磨過著困頓的生活，對他來說也是很大的挫折和試煉。在最後的回歸的故事橋段上，倭建命死於歸途中，但他最終化為白鳥飛回家鄉，且成為日本神話中最大的英雄，其形象是提升的；而光源氏回歸京城之後，地位也是不停提高。《源氏物語》可說是延續了倭建命的日本文學英雄傳統的模式。倭建命與光源氏都缺乏父愛或母愛，帶著這樣的缺陷，他們離開故鄉去異鄉訪問，經過很多試煉之後，這些缺陷被填補，最後走向成長。從這些地方可以看出，倭建命的故事和光源氏的故事非常類似，亦即從英雄神話的這個角度來看《源氏物語，光源氏的戀愛故事》是相當可行的。

## 柒、文學方法

### 一、轉折與轉換

　　前述提到「天變地異」和「夢」等母題，在〈須磨〉與〈明石〉二卷中具有「場景轉換」的功能。同時，經歷了「異界訪問」與「貴種流離」之後，光源氏的人生也趨向成熟。因此，〈須磨〉與〈明石〉二卷可謂為整部《源氏物語》的轉捩點。它們上承前半部光源氏幾乎以戀愛填滿的繁華的前半生，包括誕生、少年時期、戀愛經歷、喪

妻，在此二卷中光源氏自我流放到須磨，人生有了很大的轉折，然後
到明石，得到明石入道的支持，並與明石君生下明石姬君；明石姬君
將來成為中宮，光源氏的地位隨之水漲船高。換言之，光源氏在此二
卷中從繁華其進入低谷，然後再往上爬。〈須磨〉與〈明石〉二卷用
上述的複數的母題，來陳述光源氏生命中的轉折與性格上的轉換（蛻
變）。

## 二、對比

〈須磨〉與〈明石〉二卷中運用了大量的對比。例如：京都對光
源氏而言是熟悉的生活共同圈，對比偏僻、落魄的異鄉須磨與相較繁
華的明石。在明石君的婚姻上，明石入道與其妻的態度也是截然不
同；明石入道之妻因光源氏之名聲，並不想把明石君嫁給光源氏，但
明石入道卻相當看好光源氏，並且積極安排光源氏與女兒明石君的相
會地點以及共度夜晚等細節。

此外，明石君和光源氏的態度也互為對比。在面對光源氏的追求
時，明石君對於自己相當沒有自信，她覺得自己與光源氏身分懸殊，
更認為自己無法與京城的女子相比，也擔憂光源氏不會對她負責，因
此總對光源氏的追求不積極。相對於此，光源氏一開始心中雖然也是
顧忌著自己是流放，與明石君的事情可能傳出流言蜚語，同時也顧慮
苦守京城家宅的紫之上，但一旦愛上明石君之後，卻也依依不捨，想
方設法要迎接她去京城。

明石君和紫之上在《源氏物語》的眾多女子中都各為一個典範。
明石君為光源氏生了女兒，光源氏後來也一直想要邀請明石君前往京
城。但她一直不來，除了顧慮京城的女子之外，也因為明石君非常有
分寸，她知道紫之上才是光源氏宅第中的女主人。另一方面，光源氏
自我流放期間，其宅院沒有垮，正是由於紫之上人品好、待人和善，

在光源氏的家中非常受到尊重，雖然得知光源氏與明石君之事後，心中有怨，但卻未曾說出口，在她身上展現了身為大宅門女主人的氣度。後來紫之上又為明石君撫養女兒明石姬君，並且到了明石姬君長大要入宮之時，紫之上也將明石君請來當明石姬君的監護人。可說是明石君懂進退、紫之上懂應對，兩人才能一直維持著和睦的關係。

在是否准許光源氏回京這件事情上，朱雀帝和母親弘徽殿太后的態度也呈現對比。弘徽殿太后希望兒子朱雀帝掌政，因此堅決反對召回光源氏。而朱雀帝認為光源氏犯的不是大錯，加上桐壺帝的託夢，因此最終允許光源氏返回京城。另外，光源氏在流放前是不拘小節的風流個性，但是流放之後顧慮較多，人生也邁入成熟期。以上諸多的對比手法，讓〈須磨〉與〈明石〉二卷中的人物形象更加立體，也更具故事發展上的戲劇張力。

綜合上述所論，《源氏物語》中的〈須磨〉與〈明石〉二卷不只是全書中最重要的轉捩點，並充滿豐富的母題。其中，更是大量運用對比等文學方法。同時，故事類型也承襲了日本古代英雄倭建命的英雄故事之模式。本稿的標題「從光源氏的戀愛故事看另一個英雄神話」，試圖從《源氏物語》之戀愛故事中，挖掘其中所蘊藏的英雄故事母題，提供讀解《源氏物語》時的新的角度。不過，《源氏物語》的其他卷中是否有此般英雄故事的母題？ 又是透過怎樣的文學方式表現？這些問題有進一步考察的必要。除此之外，光源氏自我流放至〈須磨〉的故事情節，或許也與平安時代中納言在原行平的須磨蟄居、右大臣菅原道真與左大臣源高明左遷至太宰府等事件有所關聯（日向一雅 頁 74-75），〈須磨〉與〈明石〉的素材也值得當成日後探討的課題。

# 捌、討論問題

1. 光源氏具有哪些英雄性格？
2. 光源氏的出生以及成長背景，對於其英雄性格的形塑有哪些關聯？
3. 須磨卷、明石卷，要告訴我們的是甚麼？
4. 光源氏前去須磨、明石的心情為何？
5. 光源氏要離開京城時，除了悲傷不捨外，還有怎樣的情緒？
6. 明石君對於自己與光源氏的婚姻，有怎樣的心情和態度？
7. 須磨、明石卷所敘述的光源氏的故事，就故事要素與結構來看，有哪一些承接舊有的英雄故事（例如：倭建命等）？又有哪一些是《源氏物語》自己的特色？

## 附錄：紫式部相關年表 [13]

| 天皇年號 | 西元年 | 事件（▣為推測年分） |
|---|---|---|
| 圓融天元元 | 978 | ▣紫式部誕生。 |
| 花山永觀 2 | 984 | 父親為時任職氏部丞。 |
| 一條寬和 2 | 986 | 父親辭去氏部丞一職。<br>藤原道隆任職攝政。 |
| 正曆元 | 990 | 定子成為中宮。 |
| 長德元 | 995 | 藤原道長任職內覽。 |
| 長德 2 | 996 | 父親任職越前守。紫式部同行。 |

13　內容參照浜島書店編集部所編之《最新國語便覽》浜島書店，2003。頁88。

| 長德 3 | 997 | ◙ 紫式部歸京。 |
|---|---|---|
| 長保元 | 999 | 紫式部和藤原宣孝結婚。<br>藤原道長之女彰子入內。 |
| 長保 2 | 1000 | 彰子成為中宮。 |
| 長保 3 | 1001 | 丈夫宣孝逝世。父親為時歸京。<br>紫式部開始執筆『源氏物語』。 |
| 寬弘 4 | 1007 | ◙ 入宮侍奉中宮彰子。 |
| 寬弘 5 | 1008 | 為彰子講解『樂府詩集』。<br>◙ 《源氏物語》幾近完成。 |
| 寬弘 7 | 1010 | 《紫式部日記》的記事從 1008 年 7 月左右持續到此年正月為止。<br>◙ 和泉式部入宮侍奉中宮彰子。 |
| 三條<br>寬弘 6 | 1011 | 父親任職越後守。 |
| 長和元 | 1012 | ◙ 兄長惟規逝世。彰子成為皇太后。 |
| 長和 2 | 1013 | 紫式部在這一年時確定有在宮中侍奉。 |
| 長和 3 | 1014 | 父親辭去越後守一職。紫式部在這一年時確定仍在世。 |
| 長和 4 | 1015 | ◙ 紫式部逝世。 |
| 後一條<br>長和 5 | 1016 | 4 月，父親為時於三井寺出家。 |

◙ 為推定之意。

# 引用／參考書目

### （＊為原文引用之文本）（排列依出版年代）

秋山虔編。《源氏物語必携》。東京：學燈社，1967。

石上堅。《日本民俗語大辭典》。東京：櫻楓社，1970。

岡野弘彥、西村亨編。《折口信夫必攜》。東京：學燈社，1987。

山口佳紀、神野志隆光校注譯。《新編日本古典文學全集 1——古事記》。小學館，1997。＊

林文月譯。《源氏物語（三）》。臺北：洪範出版社，2000。＊

浜島書店編集部。《最新国語便覧》。名古屋：浜島書店，2003。
日向一雅。《源氏物語の世界》。東京：岩波書店，2004。

<h2 style="text-align:center">延伸閱讀（排列依出版年代）</h2>

阿部秋生等編校。《日本の古典─完 〈16〉源氏物語 3》。東京：小學
　　館，1984。
阿部秋生等譯。《新編日本古典文學全集（21）源氏物語（2）》。東京：小
　　學館，1994。
秋山虔、小町谷照彦編。《源氏物語圖典》。東京：小學館，1997。
澀谷榮一。《源氏物語樂讀本》。蘇文淑譯。臺中：好讀出版社，2012。

# 德國文學

德國地圖

# 第四章
# 看風暴與壓力時代的愛情：
# 歌德《少年維特的煩惱》中的敏感英雄

蔡莫妮[1]

## 壹、歷史

### 一、歌德出生時的德國

　　歌德出生時，德國還尚未形成一個統一的國家，許多城市都還隸屬在神聖羅馬帝國之下。當時皇帝的權力嚴重受到各地方領袖們牽制。布蘭登堡國王腓特烈二世，史稱腓特烈大帝（Friedrich the Great，德原文：Friedrich der Große）所領導的普魯士王國才正開始崛起。普魯士在西里西亞王朝滅亡之後入侵其中，並發動了「奧地利王位繼承戰爭」（1741-1748）。隨後便是「七年戰爭」（1756-1763），其中主要牽涉的歐洲勢力有：由普魯士與英國大不列顛（以及之後加入的葡萄牙）組成的英普同盟，對抗以奧地利、法國（與之後的西班牙）、瑞典、薩克森等國構成的法奧同盟。俄羅斯雖然起初也加入奧地利同盟，但之後卻改變立場，加入普魯士陣營（這場戰爭範圍不僅涵蓋歐亞非三大洲，同時也包含英法兩國的殖民地）。當時，腓特烈

---

1　作者為國立政治大學歐洲語文學系副教授。

二世建立普魯士王國,成為一大歐洲列強勢力。

## 二、感傷主義時期

　　歌德寫下小說《少年維特的煩惱》(*The Sorrows of Young Werther*)時,德國文學時代氛圍正巧處於感傷主義時期。感傷主義(Sensitivity,德原文:"Empfindsamkeit")是德語文化 1740 年至 1780 年之間的文學潮流,為理性論述增添了許多感性的主題:感傷主義作者們看重的系列主題包括愛、人際社交、親密友誼、同理,並且將這些主題提升到與純粹理性生活方式對立的層次上。信件與日記或多或少在此成為能真實地傳達角色心情的理想媒介。

　　而書信在當時對於女性們尤其特別重要,是當時大多數女性書寫的主要方式。在歌德時代,不只是在德國,其他許多歐洲國家的女性們都無法受教育,甚至不被允許上大學。對於當時的女性來說書寫文學作品更是一項挑戰(Helen Fronius 頁 4)。女性當時不只是在社會上被男性忽視,在教育上更是被認為毫無重要性。她們不被期許受到像是文學、科學、哲學等以男性為主要受教對象的高等教育。在時代背景下,女性的閱讀素材,除了男性書寫的詩作外,就僅剩有一些教導她們如何把持家務的報章雜誌,女性作家是相當少。在德國早於歌德,我們僅能看到 Sophie von La Roche(1731-1807)在 1771 年寫了 *The Story of a Lady von Sternheim*,描寫了布爾喬亞階級女性應該怎麼舉止表現得宜,成為理想類型。

## 三、《少年維特的煩惱》寫作背景

　　歌德的小說《少年維特的煩惱》在寫作背景上對應到德國的威茲拉爾市。少年維特的苦難也正是出於歌德在威茲拉爾宮廷裡實習的真實經驗。作為年輕律師的歌德聽從父親的建議,於 1772 年 5 月來到威茲拉爾,賺取些工作經驗。有別於其故鄉法蘭克福三萬人居住的規

模，僅僅約莫四千五百人居住的威茲拉爾，對於當時歌德來說，不過就是個小如巢穴的偏鄉地區。然而，要不是有在威茲拉爾這四個月的插曲，歌德也不會創作出《少年維特的煩惱》，因為在威茲拉爾這個位於黑森邦境內的小鎮裡，歌德正巧歷經了決定他這本處女作問世的關鍵事情。

在 1772 年 6 月初，他遇到了領事祕書約翰・克里斯提安・凱斯納（Johann Christian Kestner）。凱斯納在 1767 年到 1773 年於宮廷內任職，並與德國官員之女夏洛特・布夫（Charlotte Buff）結有婚約。凱斯納賞識歌德，在許多書信往來中，都不乏對他的稱讚，不僅描述歌德天資聰穎，極富想像力，更有著獨到思維，不甘受限於任何事之下。

而歌德也是在這六月初，在一場由他的阿姨於威茲拉爾鄰近村莊裡舉辦的舞會上，遇到了凱斯納未婚妻夏洛特・布夫。就像之後小說《少年維特的煩惱》裡的情節一樣，歌德也和夏洛特共舞了整晚，並愛上了她。夏洛特在風雨期間，用遊戲吸引場中所有來賓的能力，讓歌德印象深刻。與小說裡維特所經歷的一樣，在舞會隔日，歌德也同樣在威茲拉爾，布夫家裡，遇見了夏洛特，讓他十分著迷。夏洛特的母親在家中第十六個小孩的出生當日就去世了，而作為家裡第二年長的孩子，夏洛特接起照顧家裡的責任。當歌德來到布夫家裡的庭園時，他便正巧看到夏洛特切麵包給她弟妹們的畫面。

然而數個月後，歌德、夏洛特、凱斯特之間的關係卻變得緊繃。歌德不告而別，離開了威茲拉爾；不過，其實他還是與二人持續保持書信往來。歌德不可預料的性情也令兩人感到害怕，以至於讓他們在 1773 年 4 月提前完成了婚事，並在當年 7 月搬往漢諾威。

有趣的是，歌德《少年維特的煩惱》的寫作背景一部分也與朋友的死亡有關。在 1773 年，歌德從威茲拉爾聽到了自己的點頭之交耶

路撒冷（Jerusalem），因為愛上朋友之妻，而最終自殺；那名朋友便是用從凱斯納借來的手槍，結束自己生命。歌德在十八個月後，也就是 1774 年初，將他人經歷與自身經歷結合寫入小說裡，並就此聲名大噪，獲得了全世界文壇的認可。他僅僅花四個禮拜完成這本名為《少年維特的煩惱》的小說。

## 貳、簡介

小說《少年維特的煩惱》（*The Sorrows of Young Werther*）先是在 1774 年以匿名出版，而隨後在 1787 年出版修改後的第二版。有別於第一版，第二版的標題實際上在主角維特（Werther）名字裡省略了德語文法屬格的字尾「s」。[2] 此部小說屬於書信體格式，主要由一段獨白以及來自一位虛構編者的數段描述組成，這位虛構的編輯開頭向讀者呈現簡單的介紹，並在書裡最後，描述主角維特死前最後數週的情形。

## 參、作者：歌德

約翰‧沃夫岡‧馮‧歌德（Johann Wolfgang von Goethe）是十八世紀晚期傑出的歐洲詩人。他於西元 1749 年 8 月 28 日，在萊茵河畔的法蘭克福市中出生，父親為約翰‧卡斯帕‧歌德（Johann Caspar

---

2　第一版書名為「Die Leiden des jungen Werthers」，而第二版為「Die Leiden des jungen Werther」。作此更改的其一原因可能是為了讓維特的名字較易發音。

Goethe），而母親為卡特麗娜・伊莉莎白・歌德（Catharina Elisabeth Textor）。歌德在十歲的時候就已經展現詩作方面的才華，並且在他十三歲的生日上，將自己創作的詩文小書獻給他父親。除了日常閱讀聖經，歌德也與他唯一的妹妹科尼麗亞・弗里德里柯・克里斯蒂娜（Cornelia Friederike Christiana）一同偷偷閱讀當時的史詩《彌賽亞》（*The Messiah*），而閱讀該作其實違背了他父親身為一名虔誠路德教派信徒的期許。彌賽亞（"messiah"）一詞被譯作救世者，意思指涉拿撒勒的耶穌其作為基督教徒們的救主。《彌賽亞》由當時德國重要詩人里弗德里希・戈特利布・克洛普施托克（Friedrich Gottlieb Klopstock）寫成，內容包含頌歌，而其中，克洛普施托克更是受到約翰米爾頓（John Milton）所撰的《失樂園》（*Paradise Lost*）影響。所以，《彌賽亞》的詩作形式為六部格詩（hexameters），每行詩都由六個韻腳組成。[3]

　　歌德對於克洛普施托克詩作的尊敬，以及其作品對於感性時代人們情感的偌大影響，都可以在他 1774 年世界聞名的作品《少年維特的煩惱》中的窗邊一景裡見得。故事中，維特與綠蒂一同在窗邊，兩人含淚相視，在濃烈情緒的催化之下，牽手並同時喊出：「克洛普施托克」！（Goethe 頁 10-11）。 在這裡，光是談及克洛普施托克的名字，就足以表現那份對於自然與愛無法言喻的情懷。而在這部書信體小說中，這幕窗邊一景不僅被用以製造令人動容情緒的效果，還向克洛普施托克 1759 年的著名詩歌〈春之慶典〉（德原文："Die Frühlingsfeier"）致敬，其作品主題表達了作者在一場春天的雷雨風暴之中對上帝的讚美。然而，有別於這位當代重要詩人，歌德在他

---

3　這也是希臘文和拉丁文中標準的史詩音韻格式。這樣的格式尤其更是不符合所有德語的規則，並且使得閱讀理解變得更加困難。

的詩作中不使用經典理想的聖經主題，並且與教會漸行漸遠（Boyle 頁 69）。反倒是自然的概念對他而言變得相對重要。而說到自然的概念，就不得不提到盧梭（Jean-Jacques Rousseau）「回歸自然」的理念。盧梭的「回歸自然」不僅讚揚趨於自然的生活方式，並且於此期許一個在本質與內涵上更為自然的社會（Mikkeli 頁 268）。盧梭強調自然的良善，並將這樣的良善視為喜樂且與文明相互對立，他更強調人性本善。

歌德在他的文本中也不乏使用他當代的素材來營造某些氛圍。在所謂狂飆運動的時代（"Storm and Stress"）之中，興起了一種足以復甦德語文化的新德語文學形式。對於十八世紀的學術青年們而言，文學向來都是呈現公民社會裡核心問題的主要媒介。主要在 1770 年到 1780 年這短短十年間，許多約莫二十歲到三十歲的年輕德國作家們一同掀起了一場文學革命。他們主張詩作要展現某種對於傳統結構與其世代生活形式的對抗。

## 肆、故事摘要

小說裡主要是由主角維特寫給他的朋友威廉（Wilhelm）的書信組成。相較於代表著理性聲音的威廉，主角維特在許多方面則反映出細膩的情感與熱情的性格。這本書信體小說主要可以分成兩大部分：第一冊和第二冊，記述了年輕維特在普魯士王國歷時超過幾乎二十一個月的痛苦，而且書裡所描寫的四季也正對應著主角的心情。小說的第一冊從春天開始講述，展示了故事推進的張力增加，信件日期涵蓋從 1771 年的 5 月 4 日至該年 9 月 10 日。而書內的第二冊則處理故事收尾，終止於主角在冬天的殞落，信件包含從 1771 年的 10 月 20 日至次年的 12 月 23 日。

# 伍、人物

維特

威廉：與維特通信者

綠蒂：維特愛上的女子

阿爾貝特：綠蒂的未婚夫

利奧諾：維特曾經所愛上的女人的妹妹。她曾對維特有一絲愛意，但
　　　　未被發現。

匿名出版人

## 陸、看風暴與壓力時代的愛情：
## 歌德《少年維特的煩惱》中的敏感英雄

### 一、文學形式與手法

　　《少年維特的煩惱》屬於書信體小說（an epistolary novel）。
「epistolary」一字源自希臘文的「ἐπιστολή epistolē」，意指信件；由
此可知所謂的書信體小說通常由幾個角色的信件集結而成。書信體小
說是十八世紀歐洲文學的常見文類，像是塞繆爾・理查森（Samuel
Richardson）所撰的著名小說《潘蜜拉》（*Pamela*）與《克拉麗莎》
（*Clarissa*）。基本上，書信體小說分成三種：獨白式的（如《少年維
特的煩惱》，僅出現來自單一角色的信件）、對談式的（來自兩名角色
的信件）、多語式的（伴隨著三個以上的角色書寫的書信）。歌德的書
信體小說屬於獨白式的，因為書中所描述的世界僅建立在主角維特的
觀點之上，他寄信給他的朋友威廉，但是卻沒有呈現威廉的回應。書
信體這樣的小說格式在德國要一直到《少年維特的煩惱》出版成功，

才被視為重要的文類。[4]

　　特別需要注意的是，歌德的《少年維特的煩惱》運用了書信格式表達了某種程度的親密。直接表達自我的文學形式，讓書信體小說成為能夠親密地描述個人「靈魂」特色的方式：語言似乎成為表達當下心情與情緒最直接的作法。歌德小說中明顯可見信裡的獨白確實呈現角色情感的流露，雖然整部小說由主角維特寫給朋友威廉的信組成而不見其友人的回應，但我們仍然能間接知曉其中在部分信件中兩個通信者之間的對話背景。

　　重要的是，藉著書信體格式，小說內許多句子套用了不少「省略」手法（ellipsis）。這是一種在不影響語意的情況下，省略語句的一種修辭法。例如，小說開頭的第三句話，便屬於此例："To leave you, from whom I have been inseparable, whom I love so dearly, and yet to feel happy!"（頁2）。這樣的寫作手法是這本小說的一項特色，能產生讓文字更加生動真實的效果。

## 二、小說結構與情節簡述

　　小說《維特》由一篇來自虛構匿名出版人的序言作為開頭，其中表達了出版人為了將維特的書信揭露於世而費心蒐集的勤勞。這樣以序言作為開頭的結構，體現了一種框架敘事的敘事技巧，不僅開啟全篇小說，也在最後將小說收尾。透過這虛構編者的觀點，我們讀者似乎能與文本保持一定距離，更帶有批判性地觀察主角維特的處境以及他戲劇化的結局。然而，即便編者的聲音似乎被用來評論全篇小說，我們卻幾乎無法看到小說內有任何一個全知敘事者對維特的遭遇進行道德審查、區分其是非對錯。最終，呈現在我們眼前的是無數文內角

---

4　在1774年，Christian Friedrich von Blanckenburg（1744-1796）在其書 Versuch über den Roman 對於此文類有詳細的解說。

色自我主觀意識的展現，尤其以少年維特的為主。

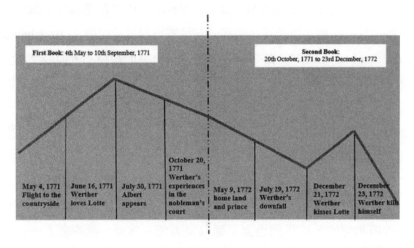

此小說陳述故事時所使用的語言也是另一個結構上的重點，這本小說的結構很典型地建立在主觀意識的表達之上。故事裡，少年維特便是個顯著的例子。他經常反覆提及他的「心」（"heart"）與「靈魂」（"soul"），不僅直接陳述自己心情，還能言善道，有著極高程度的自信。尤其少年維特還時常以鬆散的句構、「說話中斷」（"aposiopesis"），來表達他的感傷。而這樣的手法確實在對於理解全篇小說上是一個重要的要點。例如，當維特在 1771 年 6 月 16 日的信裡對威廉談論起綠蒂時，他實際上不敢提及任何有關親密感的事情："You should have guessed that I am well — that is to say — in a word, I have made an acquaintance who has won my heart: I have — I know not"（頁 7）。

此外，這本小說在主要書信的部分，結構上能被分成兩大冊，分別講述不同的內容與情節。第一冊包括九封信，從 5 月 4 日至 5 月 30 日，共二十七天，揭示了維特對於自然的青睞以及他對綠蒂的迷戀。第二冊則相對地描寫維特與貴族們的結識，以及他與他們相處的

不甘願，這個第二冊也主要描述了維特最後的悲劇。

　　在第一冊裡，維特離開了都市。這樣的逃離主題是這部小說結構的特色之一。此一特色在小說第一句話裡可以清楚見得："How happy I am that I am gone!"（頁2）。年輕且感情細膩的維特在未能達到利奧諾（Leonore）的期待後，離開都市，以處理家族裡的遺產爭議為託詞來到了鄉村。少年維特完全沉浸在自然與藝術帶來的愉悅之中，他特別享受田園間的自由以及在這片樂土上的孤獨（頁3）。在此期間，他還閱讀荷馬以及《奧西安》（*The Songs of Ossian*），沉溺在其中對自然充滿熱情的描寫。他還到村子裡的水池旁享受鄉間歡愉恬淡的情景，在那裡觀察取水的少女們。他和當地民眾們相處融洽，而且如他所相信的，孩子們也似乎都喜愛著他。然而，維特某方面卻又強調著與他們之間的分界："I know very well that we are not all equal, nor can be"（頁4）。不過，他其實也明白，要這樣默默差別對待這裡人們是不可能的，並為此感傷，為了避免看來傲慢，他特別幫助一位年輕使女提水桶。在他愛上與他社會地位相同的綠蒂時，他知道她已經與另一個名叫阿爾伯特（Albert）的男人訂婚了。阿爾伯特原文「Albert」發音上近似德語的形容詞「albern-」，意思是呆傻的，因此這個名字可能也暗指著該角色其實是愚笨、不聰慧的（Paschek 頁72）。維特總說自己要離開，但實際上卻沒有，儘管這在維特心中造成極大的痛苦，他仍然在接下來的數個月裡與綠蒂和阿爾伯特建立起緊密的朋友關係。

　　在第二冊中，維特的人生發生了一些戲劇性的轉變，這一冊的十三封信（10月20日到5月5日）描述了維特待在貴族身邊的情形。他遇到了一位與綠蒂相像、和善的年輕貴族仕女B夫人（德原文：Fräulein von B；英文：Miss B）。但在1772年3月15日的信件中，失落的維特卻表示他必須離開這些貴族圍繞的環境，而且感覺不

自在。他對他的上司更是心生反感。此外，還有另外五封信（5月9日到6月18日）提到他的童年回憶以及他待在大使住處的情形。在1771年5月初，他離開了大使住處，不再在那裡工作。雖然他隨後受到一位王子的邀約而到了城堡之中，但是他在那裡仍然感到無趣。維特不能妥善處理王子井然有序的日常生活，最後還是選擇離開。在他離開貴族們之後，失落的維特回到曾經讓他感到快樂不已的那塊地上，回到綠蒂與阿爾伯特身邊。然而，他的嫉妒卻也與日俱增，他不僅必須承受那對愛人之間的甜蜜，還得猶如1772年2月20日信件裡所示，保持禮貌在對方婚禮上致上恭喜之詞。

而最後，共有三十封信陳述了他最後悲劇結局（7月29日到12月23日）。比起小說一開始維特身在鄉間而創意豐沛的情況，他在逝世前一個月幾乎失去了所有創作的靈感。在他唸給綠蒂一首奧西安的詩作翻譯後，兩人更是潸然流淚。因為按捺不住自己的情緒，維特終於忍不住突然親吻綠蒂。然而，對於綠蒂而言，維特的這番舉動其實完全逾越界線，畢竟她終究已經嫁為人婦。所以，她跑到別的房間，並把自己反鎖在裡面，在心裡一陣愛意與怒氣交織之下，綠蒂最終還是告訴維特她再也無法與他見面。她已經選擇了傳統婚姻，遵從舊有習俗規定，而且與以自由選擇為基礎的浪漫愛情之概念對立。維特感到無比挫敗，最終走向自殺一途。幾天後，也剛好迫近聖誕節，維特寫下最後訣別的信，要他的傭人去向阿爾伯特借手槍，以此了結自己的生命。次日中午，他陳屍住處，而最後安葬他的既不是牧師也不是貴族，只是一群工匠，他們把維特葬在墓園之外，而維特最終因死亡而回歸自然。

## 三、感性英雄的少年維特

小說裡一個尤其重要的問題是，我們是否能將維特視為一名感性

英雄。在故事中，維特似乎能算是一名英雄，但卻在某些方面與一般
英雄不同。他的感性與熱情特別引人注意。他的感受總是深刻、強
烈，而且多愁善感又情緒化。他也十分叛逆，有勇氣對抗所有的既有
價值。他不僅擁抱個人存在，並且將個人主體意識提昇至極端。他的
自殺不單只是關乎他個人的生命。實際上，更可以算是一種對自由的
宣示，無處不表達抵抗、獨立，以及展現個人獨特性與差異的價值。
維特所展現的英雄精神實際上能在他透過死亡而促成的批判視野中見
得。他促使人們懷疑那些舊社會裡的價值，改變人們對道德行為的想
法。他還質疑了那些舊有觀念的可信度，挑戰許多已知的信念。事實
上，《少年維特的煩惱》批判了貴族階級的頹廢，不過其實這部小說
所能探討的議題並不僅限於此。

## 四、維特的性格

　　維特是整部小說裡的核心人物，從小說標題《少年維特的煩惱》
可以清楚知道這一點，這個標題其實暗示了基督受難，但歌德從不
提及任何受難的宗教歷史背景，他反而只在小說裡說到「illness to
death」。維特年輕、感性、經濟獨立、受過教育，而且在故事最初便
已是憂鬱且帶有自殺傾向的，他的行為都受到他那極端敏感的「心」
與濃烈的情感影響，而這也說明他為何總是按照直覺行事，且其舉止
不可預測。「熱情」（passion）這一概念在理解這情感細膩的角色時
更是扮演著重要的地位，小說裡許多部分都描述了維特情感濃烈的
性格。其中最經典解釋維特熱情的一幕便是所謂的「迷人場景」（the
charming scene）：當他初次遇見代母職照料弟妹們的綠蒂並馬上愛上
她的那一幕（頁 8）。維特尤其沉醉於綠蒂那攝人心魄的個人特質，
他不禁將他所有濃烈情感投注於這位儀態端莊可人的女性身上。對他
而言，綠蒂不僅是沈魚落雁（"the most charming spectacle"）和賞心

悅目（"the amiable"）（頁7）。實際上，在維特眼中，她更是猶如天使一般，其完美無瑕已是言語無法陳述的。

維特對於綠蒂的喜愛更是隨著回想起她在舞會時的魅力而變得強烈，當他愉悅地與綠蒂共舞時，維特心裡對於親密的渴望更是劇烈（頁10）。維特對於他親近綠蒂的慾望在兩人一同喊出「克洛普施托克」的窗邊一幕達到高潮。維特含淚親吻著綠蒂的手，實際上卻傳遞著濃烈的欣喜，他對於喜悅的讚嘆（頁11）不僅暗示了他認為他與綠蒂之間應有著某種強烈的共鳴，也同時顯示了維特對於兩人之間有更多親密的欲求。

此外，維特對於「熱情」的看法也與其他人不同，例如阿爾伯特。在1771年8月12日的信裡，維特與阿爾伯特之間對於「強烈情感」的爭執中，可以看到維特意圖自殺（頁19）。 然而，阿爾伯特相對冷靜且恪守社會規範，他是個理性思考的人，而且似乎呼應著理性時代主張的理想目標。而維特相對顯得情感濃烈，且對應著德國「狂飆運動」（"Storm and Stress"）的概念，他的亡歿始終如一，且他向來表現出自殺的傾向。從他對人類的定義，也能看到他察見人性的限制，以及感性終究箝制理性的主張（頁20）。阿爾伯特確實扮演著重要的角色，他不僅作為對立於維特性格的對比人物，他更加劇了包含綠蒂在內三個主角間複雜的關係結構。

主角三人之間描繪著不同的關係。雖然他們並未住在一起，但每個人對於另外二人的影響仍然強烈，事實上，三人的關係相當密切。他們構築了一個網絡，其中每個人都直接地表達自己的情緒，而這樣對於彼此的直接情感是在小說裡是顯而易見的。

另外，維特的感性與細膩在小說裡清楚可見。例如，在他1771年8月12日信裡探討人性本質限制的段落中（頁19）。當維特表達他對自殺的偏好時，他表現得相當哲學且擅於思考。就某方面來說，

他很清楚人們的困境是什麼，他細思慢想，並且用哲學的批判角度審查人性。在同一封信的其他地方，一樣可以看到他對身邊環境的細膩觀察。例如維特在信裡將自然視為人類的寫照（頁20）。維特同樣地將自然定義在一些我們能夠理解的要素上，並進而認知到其難以承受的限制。

## 五、《少年維特》中現代主體性？

　　主角維特是否扮演著現代主體？而他的死亡是否起因於他個人中心的性格？我們可以從故事中看到答案是肯定的，他消殞在個人自我中心的主張之中，而維特的主體性很明顯地呼應著這部書信體小說的形式。雖然小說裡許多人彼此互相交流與溝通，但是唯獨主角維特將自己置於焦點中心。尤其，全篇小說中，除了其中某兩封信以外，大部分的信都是署名寫給朋友威廉，然而，威廉的回覆完全不被紀錄。此外，主角維特也體現了強烈的現代主體性，在這部書信體小說發展至最後結局，我們能看到主角維特的悲傷、絕望、歇斯底里其實是多層次的：他先是在社會裡受難，而之後為深愛綠蒂而苦，甚至因為自己病態的憂鬱而痛苦不堪。這麼多樣引導至維特痛苦的要素正是理解這部小說的重點核心，很顯然地，主角維特過度地關注自己。

## 六、《少年維特》的影響

### 1.「維特熱」現象

　　這部小說的目標讀者主要是布爾喬亞階級。這部感傷且充滿情緒的作品似乎非常個人私密，而且像是直接對著讀者訴說。更重要的是，它率先讓故事角色能像個獨立個體一樣有著豐富活躍的思維與行為模式，自殺成為了一種表達自我肯定的形式。小說《少年維特》作為宗教上解放的象徵，翻轉了以往具有神聖意義的詞彙：例如，維特認為綠蒂的名字神聖且更勝過聖經裡的聖言。基督教義所禁止的自殺

行為更是被認為病態求死的藉口，只是為求憐憫而已。基督受難更是轉變成少年維特的悲傷。歌德的小說訴求著當時代所需的自由，並且將這份訴求直直帶入當代氛圍之中，進而造成了「維特熱」的出現。許多青年們不僅含淚讀著這本小說，有些還甚至模仿起維特的穿著。

　　模仿小說角色的衣著，並將自己裝扮得跟角色一樣，這樣的傳統一直以來都能看到。現今的角色扮演（cosplay）就是將自己裝扮成如同動畫、漫畫、電影裡的角色一樣，而且言行舉止上更是盡可能地模仿得維妙維肖。角色扮演較少考量小說內容，但卻反映了文化上閱讀的影響，角色扮演者以繽紛華麗且引人注意的方式體現文學作品。在 1774 年之後，許多年輕人被報導穿得猶如歌德的角色少年維特一般，他們不僅身穿藍色燕尾服、黃色背心，還套著黃色皮褲，並且配戴灰色圓帽。這樣將自己認同為角色維特的情形甚至更加劇烈，有的讀者甚至在閱讀完小說後，用與故事裡維特相同的方式了結自己生命。根據可信的資料來看，這樣的自殺就有幾十起，在這些自殺案例中，有些人身穿與角色維特一樣的服飾，而還有一些人被發現身邊帶著歌德的小說（Mandelkow 頁 161）。

　　《少年維特》這部小說反映了整個年輕世代的集體憂傷，成為了對於現行統治威權的反抗象徵。有鑑於這些深遠且偌大的成功，歌德被視為十八世紀中後最感傷且悲觀的時代精神，並且深刻影響了英國文學以及反映了盧梭對自然的情懷。這部作品顯現了一個在布爾喬亞式的乏味生活中，未能滿足濃烈情感而受苦的世代的心情，這樣的世代尤其無法在外彰顯個人的積極熱情，而最終青年們都導向陰鬱瘋癲（Boerner 頁 39）。 在當時，《少年維特》成了德語國家中聖經之外最著名的著作。

2.《少年維特》的成功與評價

　　小說《少年維特》在出版後馬上造成巨大回響。第一版很快地

賣出一千五百本，而 1775 年的第二版隨後也賣出了三千本，一直到 1777 年，甚至還出現了九種盜印版，售出了四千五百本。而這最終造成這本小說在市面上流通了總共九千本，在短時間內成了最佳暢銷書，甚至還有人付錢借閱這本小說。

在女性之間，更是能看到一款名為「Eau de Werther」的香水。維特與綠蒂幾乎無所不在，可以看到他們被印製在飾品或是盤子的釉彩上（Jürgen）。在小說出版不久後，無數改編也跟著被印刷出版（被稱作 Wertheriaden）。然而，《少年維特》仍極具爭議性，甚至一度在萊比錫、米蘭等許多城市中，被列為禁書，禁止閱讀。在 1776 年，歌德這本小說更被奧地利的審查制度封鎖，在丹麥也被下令禁止，謹慎的歌德為回應這股自殺潮，在小說第二版內增加幾個段落，說明維特的嚴重心病，小說的第二部分現在也在開頭提醒那些因維特而感受到同樣痛苦的讀者們別跟隨維特腳步。

直到歌德去世，《少年維特的煩惱》已經共有五十五個版本在全球市場上出版。例如，第一個翻譯版本就在法國於 1775 年出版，隨後則是英國於 1779 年、義大利在 1781 年分別出版譯本。更有評論同時點出了本作的成功與爭議（Friedenthal 頁 137），1787 年，這部小說有了修改版，而也成為了影響之後浪漫主義文學的重要作品。

此外，德國文學在 1919 年也第一次在中國受到矚目。歌德的《少年維特的煩惱》，如一百五十年前在歐洲一樣，在 1920 年代的中國，被欣喜若狂地接受（Goethes Briefroman Werther in China）。維特這個角色在當時不僅在「五四運動」的知識青年們宣揚之下成為個人自由解放的象徵，更被用來展現年輕一輩對於媒妁婚約的掙扎，中國青年對於歌德筆下這位憂鬱主角的認同也在中國境內掀起一陣自殺潮。然而，在中國還是有許多青年身在新舊觀點拉鋸之間，而不得不面對一些因為當時代而帶來的相關議題。

　　「維特效應」一詞在 1974 年出現，現今在大眾媒體心理學上被用來描述模仿自殺。「維特效應」描述關於閱讀上對角色認同的實踐：讀者不只想要打扮得像閱讀讀物與視聽作品中的（女）英雄角色；他們認同這些角色，並且模仿他們的行為（Flüh）。 對於歌德而言，作為一個現代作者，「詩作創作」與現實的界線似乎一直都相當顯而易見（Faust 頁 4）。 年輕人之間的角色扮演文化也正暗示著文學作品與生活之間的關聯性。很顯然的，這樣的文化並非是將生活帶入文學中，相反地，卻是將文學（或是歌德所指的「詩作創作」）導入「現實」裡。角色扮演裡所呈現的裝扮改變似乎正代表著青年們對於不同的生活的欲求，而透過扮演，體現了將文學想像成為現實一事。

## 七、《西東合集》與所謂「世界文學」

　　在國際文學批判的論述裡，「世界文學」（world literature）一詞被看作是德語「Weltliteratur」一詞的翻譯，通常被視為是探討國際交流的關鍵字，而且具有判定性。但同時，這也是個曖昧模糊的字，在「世界文學」一詞中，其中一個重要的概念源自於歌德自 1827 年起對於這種文學類型的思索（Goethe 頁 914）。對他而言，所謂的「世界文學」不只是一個囊括全世界所有可知文學作品的名詞，其他外語詩作的翻譯也是一項連結個別國家文學的關鍵要素之一。

　　在 1818 年以及 1819 年，歌德曾造訪位在卡爾斯巴德的渡假勝地，並出版了《西東合集》（*West-Eastern Divan*；德語原文：*West-östlicher Divan*），收錄有許多受到哈菲茲（Hafez）影響的波斯詩文。這部作品可以被視為象徵著東西雙方之間的交流與匯集，在這裡，標題上的「西東」並不單指德語到中東語言之間的交會，實際上，還代表著拉丁語到波斯語、基督教到回教之間的交流。在歌德《西東合集》的十二冊中，包含了各式各樣的詩文作品，反映著他試

圖將東西方文化彙整一起的想法。而最後在 1832 年 3 月 22 日他光榮
逝世，葬於威瑪。

## 柒、討論問題

1. 《少年維特的煩惱》為當時帶來了「維特熱」。請試描述解釋所謂
   的「維特熱」。
2. 試描述少年維特的性格。他能算是英雄嗎？是的話，你認為他可
   以算是哪種英雄？
3. 試說明少年維特自我了斷的原因。如果你是他，你也會選擇一樣
   的結局嗎？你認為真愛能夠算是自殺的理由嗎？何謂真愛？是一
   種浪漫愛情嗎？如果是，甚麼又能算是所謂的浪漫愛情？
4. 試討論這部作品與盧梭（Jean-Jacques Rousseau）的「回歸自然」
   概念的關聯？

## 捌、德國簡史表

西元 962　　　　　神聖羅馬帝國

西元 1618-1648　　三十年宗教戰爭

西元 1741-1748　　奧地利王位繼承戰爭

西元 1756-1763　　七年戰爭

西元 1806　　　　　神聖羅馬帝國滅亡

西元 1806-1813　　萊茵邦聯（拿破崙時代）

西元 1814　　　　　《維也納會議》

西元 1815-1871　　德意志邦聯

西元 1871-1918　　德意志帝國

| | |
|---|---|
| 西元 1918 | 第一次世界大戰結束 |
| 西元 1919-1933 | 威瑪共和國 |
| 西元 1933-1945 | 納粹德國（希特勒時代） |
| 西元 1945 | 第二次世界大戰結束 |
| 西元 1949 | 德意志聯邦共和國（西德） |
| 西元 1949 | 德意志民主共和國（東德） |
| 西元 1958 | 成立歐洲經濟共同體 |
| 西元 1990 | 兩德統一 |

## 引用／參考書目

歌德。《少年維特的煩惱》。但未麗譯。新北：漢宇國際出版社，2006。

歌德。《少年維特的煩惱》。柳如菲譯。臺北：海鴿文化出版，2013。

賴麗琇。《解讀德國文學名著》。臺北：五南圖書，2015。

Boyle, Nicholas. *Goethe. The poet and the age, The poetry of desire (1749-1790)*. Vol. I, New York, Oxford UP, 1991.

Dreyer, Jürgen. „Werther. Romanheld und Selbstmörder." www.planet-wissen.de/gesellschaft/tod_und_trauer/selbsttoetung/pwiewertherromanheldundselbstmoerder100.html. 6 Sept. 2019.

Faust, Volker. „Selbstmord als Nachahmungstat. Der ‚Werther-Effekt' als medien-induzierte Selbsttötung." *Psychiatrie Heute* Psychosoziale Gesundheit, p. 4, http://www.psychosoziale-gesundheit.net/pdf/werther_faust.pdf, 06.09.2019

Flüh, Torsten. „Der Mensch als Comicfigur." *Night out*, 21 Oct. 2017, nightoutatberlin.jaxblog.de/post/Der-Mensch-als-Comicfigur-Zum-Cosplay-Corner-und-Wettbewerb-auf-der-Frankfurter-Buchmesse-2017. aspx.

Friedenthal, Richard. *Goethe—Sein Leben und seine Zeit*. München, 1991.

"Goethes Briefroman Werther in China." OXO Audio Books. Hörbuchverlag

Hamburg, oxo-audio.de/2016/01/08/goethes-briefroman-werther-in-china/. 06 Sept. 2019.

Goethe, Johann Wolfgang von. *Sämtliche Werke. Briefe, Tagebücher und Gespräche*. Edited by Friedmar Apel et al., vol. 14, Frankfurt a. M., 1986-1999.

———. "The Sorrows of Young Werther." Translated by James Stuart Blackie. *Faust: The Sorrows of Young Werther*, Grolier, 1969, pp. 213-364. ISBN: 0717200019.

———. *The Sorrows of Young Werther*. Translated by R. D. Boylan, Project Gutenberg, edited by Nathen Haskell Dole, 2009, www.gutenberg.org/files/2527/2527-h/2527-h.htm.

Fronius, Helen. "'Über die Begierde der Weiber, Schriftstellerei zu treiben': 1 Authorship and Gender" *Women and literature in the Goethe era (1770-1820): determined dilettantes*. Oxford: Clarendon Press, New York: Oxford UP, 2007.

Mandelkow, Karl Robert, editor. *Goethe Briefe*. Vol. 1, Hamburg, 1962.

Mikkeli, Heikki. "Back to Nature?" *Groniek. Historisch Tijdschrift*, 18 March 2015, no. 196, 2012, pp. 259-73, ugp.rug.nl/groniek/article/view/17770.

Paschek, Carl. *Das Goethe-Bild der Postmoderne 1975-199 in Büchern und elektronischen Medien*. Vittorio Klostermann, Frankfurt a. M., 1999

Saul, Nicholas, editor. *The Cambridge Companion to German Romanticism*. Cambridge UP, 2009. ISBN: 9780521848916.

Schappert, Christoph, and Jürgen Kost. *Deutsche Literatur. Vom Mittelalter bis zur Gegenwart*. Oldenbourg, Munich, 2012, pp. 66-83.

Watanabe-O'Kelly, Helen, editor. *The Cambridge History of German Literature*. Cambridge UP, 2000. ISBN: 9780521434171.

# 法國文學

西班牙地圖

# 第五章
# 包馬歇三部曲：由《賽維爾的理髮師》、《費加洛的婚禮》與《犯錯的母親》看法國大革命前歐洲的氛圍

阮若缺 [1]

## 壹、歷史背景

　　包馬歇的《賽維爾的理髮師》於 1775 年在法蘭西話劇院演出，造成轟動；在此之前，他已是赫赫有名的文人、軍火商及宮廷中人，其人生的經歷就如同一部精采的戲劇。

　　十八世紀中葉，法國經濟空前繁榮，文化與藝術亦登峰造極，享譽歐洲，然而社會貧富差距卻十分懸殊：由於中產階級抬頭，這批人便渴望有朝一日能在政治上也插一腳，然而卻每每遭貴族精英階層的排拒；而一般平民百姓生活並未改善，反而要繳納更重的稅賦，供上層社會花用，積弊一久，民怨自然沸騰；雖然路易十五、路易十六都曾經試圖改革，但教會與貴族等既得利益，卻持反對意見，這些皆種下 1789 年法國大革命的苦果。

　　處於十八世紀那個風雨飄搖的時代，聰明的包馬歇嗅到了社會的氛圍，這位鐘錶師之子因結交權貴而致富，又因裙帶關係而獲得貴族

---

1　作者為國立政治大學歐洲語文學系教授。

頭銜,名利雙收。同時,也受當時啟蒙主義思潮的影響,從其劇作中人物個性的複雜多變,揭露社會的不公不義,以及同情女性地位卑微的生活處境,可見一斑。為了規避審查,包馬歇和許多其他作者一樣,只好利用撰寫小說、劇本,抒發己見,並將時空錯置,講的都是異國過去發生的故事,實則影射當下情狀。

當時的戲劇流行說說唱唱,《賽維爾的理髮師》也不例外,除了雋永的對白外,並穿插了歌曲(羅辛妮和阿瑪維華伯爵即藉此傳情),這是借鏡西班牙和義大利風。此外我們不難發現本劇有《唐璜》(*Dom Juan*)的影子,原劇即出自西班牙莫利那(Tirso de Molina)之手,後來又經莫里哀改寫。不過包馬歇更加強調故事的冒險性,費加洛(Figaro)這個人物的命名,便源自於騙子無賴(picaresque)這個字。至於為何選擇理髮師這個職業,也是其來有自:「faire la barbe」表示嘲弄某人,那何不塑造一個傳統僕人角色,但卻膽敢嘲諷有權有勢的主人呢!而費加洛也因此就成了作者的代言人。

## 貳、簡介

《賽維爾的理髮師》(1775)演出時造成轟動,也鼓舞了作者未來繼續寫作《費加洛的婚禮》(1784)與《犯錯的母親》(1792)的計畫,這三部曲更奠定了包馬歇在法國戲劇界不朽的地位。

《費加洛的婚禮》(*Le Mariage de Figaro*)是包馬歇繼《賽維爾的理髮師》後的又一鉅作,且更受歡迎,但也更遭非議。這是齣充滿戲劇性的話劇,不論在情節、時間、空間、語言、布景、服裝和小物件的安排,處處都有玄機。它的故事錯綜複雜,又有雙關語、張冠李戴以及騙人或被騙的場景,令人目不暇給。

　　它不是一部純娛樂性的喜劇，作者已嗅到當代女性意識與法國大革命的氛圍，甚至有人戲稱包馬歇的劇作為法國資產階級革命的序曲。

　　《犯錯的母親》不像《賽維爾的理髮師》或《費加洛的婚禮》般具喜感、具音樂性與節奏性，反而讓觀眾更加省思婚姻制度、性別歧視、社會不公等嚴肅議題；且作者不但如往常為民喉舌、替女人發聲，也體諒貴族、男性遭逢衝擊時的心境。不過一部類似其人生回顧的持平劇作，要討好各方觀眾似乎難度頗高，而作者此時早已擺脫令所有人「皆大歡喜」的境界。它和《賽維爾的理髮師》和《費加洛的婚禮》形成三部曲，讓我們更加明瞭當時的社會氛圍與作者的心路歷程。

## 參、作者介紹

　　包馬歇（1732-1799）生於巴黎，父親是位鐘錶師傅。他精力充沛、聰明機智，知識非常豐富，13 歲起隨父親學習製造鐘錶，20 歲時就發明了一個重要零件，因而獲得法國科學院的表揚，並被聘為王室鐘錶師，22 歲時曾因鐘錶專利權問題涉訴訟，其鏗鏘有力的辯駁，獲得喝采，但僅獲得部分勝訴。1716 年，他在凡爾賽宮謀得書記官一職，並與寡婦德‧包馬歇夫人結婚，而冠上貴族姓氏，然而其妻次年即過世。此外，他演奏豎琴及橫笛的才華受到公主們的賞識，也被聘為公主們的老師。1759 年，包馬歇擔任路易十五女兒們的豎琴教師，同時也熱衷於金融投資，替大財閥管理財務，因而致富，還到西班牙待上一年，似乎做了一些不光明磊落的勾當。

　　雖然包馬歇不論在宮廷或資產階級圈內左右逢源，但他自知在貴人們眼中，自己只不過是個卑微的僕人而已。由於個性鮮明，屢與貴

族齟齬、發生衝突，因而遭受牢獄之災。

1767 年，包馬歇完成了《尤金妮》（*Eugénie*），此劇透過女主角悲慘的遭遇，揭露貴族階級的罪惡，並探討當代婦女的社會地位。1768 年，他再婚，娶了一位多金的寡婦，但對方兩年後也去世了，1770 年，他遭拉・伯拉許伯爵誣陷，控告他假造文件，弄得包馬歇身敗名裂、傾家蕩產，他不甘心，於是又寫了一部描寫商人生活的劇本《兩個朋友》（*Les Deux Amis*）。1773 年和 1774 年，他連續發表四篇《備忘錄》，揭發了當時司法當局的黑暗與腐敗，由於他生動地刻劃人性，內容幽默且辛辣，頗受伏爾泰欣賞，並稱讚他的《備忘錄》比任何一部喜劇還有趣、比任何一部悲劇更動人。

十八世紀的啟蒙運動，尤其是天賦人權的觀念，對他亦產生極大的影響，他自稱是伏爾泰與狄德羅的學生，盛讚《百科全書》是一部了不起的巨作。[2] 1767 年，他依照狄德羅的理論，創作了《尤金妮》，並在序文中大力支持狄德羅所創立了介乎英雄悲劇與快樂喜劇間的新劇種。包馬歇認為它更具道德意義，更可接近觀眾的日常生活，更能影響人心。1773 年之後，他曾為路易十五和路易十六擔任密使，走訪英國、德國，甚至在美國獨立戰爭期間當起了軍火商，但同時也為北美獨立戰爭提供財政支援。

1770 年至 1774 年間，包馬歇與司法機關間的角力，著實磨練了他的思想、鍛鍊了他的筆觸，《賽維爾的理髮師》和《費加洛的婚禮》便是最佳佐證。1772 年完成、1775 年上演的《賽維爾的理髮師》（*Le Barbier de Séville*），當時並不叫好，但經修改，將五幕劇改為內容較緊湊的四幕劇，結果大受歡迎，奠定了他劇作家的地位。1777 年他還創辦了劇作家協會，以保護作者權益，而在劇本創作上，他深受

---

2　見巴爾札克《人間喜劇》前言。

狄德羅（Diderot）戲劇理論的影響，並提倡戲劇改革。1778 年完成《費加洛的婚禮》（*Le Mariage de Figaro*），但遭到禁演，直到 1784 年才獲准演出，結果造成轟動，連續演了 68 場，且場場爆滿。1792 年，以費加洛為主角的第三部曲《犯錯的母親》（*La Mère Coupable*）完成，但盛況已不如前。

於法國大革命期間，包馬歇發足了戰亂之財，不過為人不夠謹言慎行，因曾參與反革命運動，東窗事發，只得遠走他鄉。1792 年，作者被捕遭監禁，幸得往日情婦搭救，免於一死，然而錢財散盡，昔日風度翩翩、充滿爭議的包馬歇晚景淒涼，1799 年在巴黎抑鬱而終。

## 作者年表

| | |
|---|---|
| 1732 | 1 月 24 日誕生於巴黎 |
| 1745 | 和父親學習製造鐘錶技術 |
| 1753 | 手工精細，被引入宮中 |
| 1756 | 第一次婚姻，取得德・包馬歇（de Beaumarchais）貴族頭銜 |
| 1757 | 妻子過世，與銀行家勒諾蒙・戴地優（Lenormant d'Etioles）相識 |
| 1759 | 路易十五女兒們的豎琴老師 |
| 1760 | 杜維奈（Pâris-Duverney）將他引介入商業界 |
| 1761 | 購買「國王祕書」頭銜，晉升貴族之林 |
| 1764 | 遊西班牙 |
| 1767 | 完成《尤金妮》（*Eugénie*）、《嚴肅劇評論》（*Essai sur le genre dramatique sérieux*） |
| 1768 | 第二次婚姻 |
| 1770 | 第二位妻子去世，完成《兩個朋友》（*Les Deux Amis*）。杜維奈辭世 |
| 1771 | 義大利演員劇團拒演《賽維爾的理髮師》（*Le Barbier de Séville*） |
| 1772 | 和拉・伯拉許（La Blanche）打官司 |
| 1773 | 遭囚禁於佛・累維克（For-L'Evêque），與拉・伯拉許再度打官司，高茲曼事件 |
| 1774 | 再度興訟，與維累模拉（Marie-Thérèse de Willermaulaz）相遇 |

| 1775 | 在法蘭西話劇院演出《賽維爾的理髮師》，先敗後勝 |
|------|------|
| 1777 | 入劇作家基金會 |
| 1778 | 又與拉・伯拉許打官司 |
| 1780 | 出版伏爾泰全集 |
| 1784 | 在法蘭西話劇院上演《費加洛的婚禮》（*Le Mariage de Figaro*），大獲成功 |
| 1787 | 完成《韃哈》（*Tarare*），新訴訟案（空曼事件，affaire Kornmann） |
| 1789 | 巴黎公社議員 |
| 1792 | 完成《犯錯的母親》（*La Mère Coupable*）。<br>荷蘭槍枝事件，包馬歇被捕入獄 |
| 1793 | 遭流放的共和國特派員，差點上斷頭臺 |
| 1794 | 避難於漢堡（Hambourg） |
| 1796 | 返回法國，破產 |
| 1797 | 再次上演《犯錯的母親》，大受歡迎 |
| 1799 | 5 月 18 日在巴黎逝世 |

## 肆、故事摘要

### 一、《賽維爾的理髮師》或《防不勝防》（*Le Barbier de Séville ou La Précaution inutile*）

西班牙貴族阿瑪維華（Almaviva）伯爵與羅辛妮（Rosine）巧遇，並為之傾倒，然而，羅辛妮是個孤兒，她的監護人霸多羅（Bartholo）則企圖娶她為妻。有一天，伯爵遇見他舊日的僕人、現已是理髮師的費加洛（Figaro），費加洛表示願意幫他追求羅辛妮。霸多羅時刻提防其他男人勾引羅辛妮，而羅辛妮難忍遭監視之苦，盼早日見到心上人。霸多羅得知阿瑪維華伯爵已來到賽維爾（Séville）尋找羅辛妮，於是決定第二天就和羅辛妮完婚，並拉羅辛妮的音樂家教巴吉樂（Bazile）替他籌備婚禮，費加洛得悉後，悄悄告知羅辛妮，並通知化名為藍道（Lindor）的伯爵。伯爵還想盡辦法混入府中，與

羅辛妮見面，他謊稱巴吉樂生病，請他來代課，霸多羅不疑有他，但仍留在屋裡監視。羅辛妮和阿瑪維華得以唱情歌傳情，互訴衷曲。後來巴吉樂來了，伯爵謊言被拆穿，塞了銀子給巴吉樂，見錢眼開的他，就糊里糊塗地回家了。後來霸多羅在羅辛妮面前造謠，說伯爵拿她的情書到處炫耀；羅辛妮信以為真，一氣之下把藍道將與她幽會的事告訴霸多羅，霸多羅則立刻通知法官和警察來抓人。但後來羅辛妮和阿瑪維華誤會冰釋，在費加洛的安排下，有情人終成眷屬，霸多羅只能自認倒楣。

## 二、《費加洛的婚禮》或《瘋狂的一天》（*Le Mariage de Figaro ou La Folle journée*）

費加洛將與伯爵夫人女僕蘇珊娜（Suzanne）結婚，伯爵見蘇珊娜姿色姣好，堅持要享有初夜權。費加洛為了轉移伯爵對蘇珊娜的注意力，差人給伯爵捎信，說伯爵夫人要與情人幽會，伯爵收到匿名信後，起了疑心，立刻回家，結果只是一場「誤會」，伯爵只好半信半疑地離去。此外，管雜物的女僕馬塞琳（Marceline）也在追求費加洛，而費加洛以前向她借錢時，曾允諾還不了債便娶她為妻，因此馬塞琳要求伯爵做主，伯爵自是宣判費加洛立即償債，否則得在當天與馬塞琳結婚。費加洛不服，在爭辯過程中，馬塞琳得知費加洛原來是她 30 年前和霸多羅所生的兒子。伯爵夫人想教訓丈夫，於是喬裝成蘇珊娜，引誘伯爵晚上在花園幽會，費加洛原不知情，後來聽出伯爵夫人的口音，於是將計就計。唯有伯爵蒙在鼓裡，在夜晚誤認伯爵夫人為蘇珊娜，一時羞窘萬分，連聲向夫人賠罪，費加洛和蘇珊娜因而順利如願成婚，並獲一筆可觀的錢財。全劇以費加洛的大勝和伯爵的慘敗為結局，凸顯了平民戰勝貴族、主僕易位的可能性。

## 三、《犯錯的母親》或《另一個達爾杜夫》(*La Mère coupable ou L'Autre Tartuffe*)

許多年前伯爵一次外出時，伯爵夫人和薛呂班有一個晚上在一起，之後伯爵夫人心裡覺得愧疚，告訴薛呂班兩人不該再見面後，他便從軍去，並在戰場上受重傷。臨終前他寫了一封血書表達他對伯爵夫人至死不渝的愛，並託步兵上尉貝傑亞斯帶回去給伯爵夫人。伯爵夫人捨不得將這封信丟掉，反而將它藏在首飾盒的暗夾裡面。貝傑亞斯是個口蜜腹劍的小人，只想得到伯爵的財產，於是設定一套行動計畫以博得伯爵全家人對他的好感與信任。他並發現伯爵的二兒子雷昂並非他親生兒，乃是伯爵夫人與薛呂班的結晶；而芙羅雷絲汀也非伯爵的養女而是他的私生女。

貝傑亞斯於是設計讓伯爵發現這封信，震怒的伯爵於是要求雷昂離開這個家，傷心欲絕的伯爵夫人因為羞愧而暈厥，大家亂成一團，伯爵因此亂了方寸。他其實瞭解伯爵夫人與薛呂班都非壞人，只是年輕一時衝動而犯下錯誤，將心比心他自己不也對不起夫人，有一個私生女嗎？於是趕忙呼喚僕人一起把伯爵夫人救醒。最後大家你一言我一語地把貝傑亞斯的真面目揭穿，貝傑亞斯惱羞成怒之下，對著伯爵說要向國王告發他有華盛頓的肖像，密謀造反，在大家驚慌失措之餘，足智多謀的費加洛拿著國王的赦免令站出來解救伯爵。於是這個騙子被趕出了家門，伯爵家又恢復了平靜，而費加洛與妻子蘇珊娜看雷昂和芙羅雷絲汀真心相愛，便促成了他們的婚姻。

經過這次家庭紛爭，伯爵深深感到寬容和諒解是家庭幸福的保證，千萬不要讓年輕時代所犯的過失來干擾老年時期的安寧，此乃本劇的宗旨，全劇最後在融洽、諒解、歡樂的氣氛中閉幕。

# 伍、主要人物介紹

## 一、《賽維爾的理髮師》

　　《賽維爾的理髮師》中，角色也多與一般喜劇大同小異：年輕男女主角、糟老頭、奸巧的僕人，不過他們的臺詞和動作則略跳脫傳統戲劇。我們首先介紹人物的特色，再來解析其中的玄妙之處。

（1）**阿瑪維華伯爵**：男主角有如一個悔改的唐璜，[3] 他是西班牙伯爵，一向有求必應，無往不利，但也渴望真愛。為了追求羅辛妮，不惜扮成藍道（Lindor）（這個名字發音和 lin d'or（金亞麻）相符），後來又裝作費加洛親戚，一個大學生，為入住霸多羅家，還扮成酒醉的軍人。喜愛喬裝，也是莫里哀常用的戲劇手法，如《貴人迷》中的朱爾丹先生。

（2）**費加洛**：他是本劇的靈魂甘草人物，平民身分，曾是伯爵的僕人，之後又從事過多種行業，一波三折，但人生閱歷豐富，這名字的由來有兩種揣測：「fils caron」，包馬歇年輕時的簽字，它的發音與 Figaro 相近；另一說是「picaro」，指的是西班牙小說中的主角，「faire la figue à quelqu'un」意指譏諷某人，兩個字拼湊在一起，變成了 Figaro！他鬼頭鬼腦、充滿活力，為法國當時第三階級的代表人物，替阿瑪維華出餿主意，好博得羅辛妮芳心。費加洛為了生存，從事過多種行業，嘗盡人生冷暖，增長不少知識，從而對社會有更深刻的體認與批判。他是貫穿包馬歇三部曲的靈魂人物，出身卑微，卻鬼靈精怪，絕不向惡運屈服，靠著自己的勇敢與才智，闖出一片天。

---

3　唐璜是莫里哀鉅作《唐璜》（*Dom Juan*）中的主角，他生性風流，糟蹋了無數女性，最後遭天譴墜入地獄。

（3）**霸多羅**：這個嫉妒心很強，個性又偏執的老頭兒並不笨，他嚴加防範羅辛妮與外界接觸，並軟禁她，甚至還揭穿她的謊言。

（4）**羅辛妮**：女主角並不像莫里哀《妻子學堂》（*L'Ecole des femmes*）劇中的阿涅絲那麼天真，她有主見，不甘受奴役，並勇於和供養她的霸多羅針鋒相對，發出不平之鳴，為婚姻自主權發聲；她結合了清新脫俗的美女及潑辣敢言機靈狡猾的女僕這兩者特色於一身。

（5）**巴吉樂**：他是音樂老師，卻從未唱過歌，且穿著神職人員的服裝，與身分不搭，令人本能地就覺得他很奇怪。他其實就是造謠中傷包馬歇者的化身。

## 二、《費加洛的婚禮》

（1）　**阿瑪維華伯爵**：要表現出大貴族的氣宇軒昂，且風流倜儻，心靈雖腐敗，但高貴氣質絲毫不減。依當時的社會風氣，大人物可任意調戲婦女，這個人物在舞臺上老遭嘲弄，因而角色尤為難演。第一和第二幕中，他身著西班牙古獵裝，足穿半高統靴。第三幕至劇終，他換上一套十分華麗的古裝。

（2）　**伯爵夫人**：受到兩股截然不同的情緒衝擊，她只能表現出一種壓抑的情感，或是一種極有分寸的惱慍，絕不能有任何表情和舉動，讓她在觀眾心目中減損她可愛又賢淑的性格。這是劇本最難扮演的角色之一。第一、二、四幕穿的是開前襟的洋裝，未戴頭飾：她在房間裡，一副身體微恙的神態。第五幕，她穿上蘇珊娜的衣服，並戴上蘇珊娜的高冠。

（3）　**費加洛**：再怎麼叮囑如何扮演這角色的演員都不為過，一定要像達贊古特先生一般，深刻體會這角色的精神。演員在這人物身上，假如看到別的東西，而非摻雜著歡樂與詼諧，尤其是演

得稍微過火的話，那就會毀了這個角色。就如首席喜劇演員普雷維勒先生所言，此角色可令任何演員充分發揮演技，關鍵在善於掌握其複雜情緒的變化，並能全盤領會。他的服裝與《賽維爾的理髮師》劇中相同。

（4）**蘇珊娜**：聰明機伶且笑嘻嘻的年輕女子，但又不像一般奴婢那般嘻皮笑臉；她的好個性在前言已交代，沒見過宮達小姐演出者，可得好好琢磨。她的服裝，前四幕都穿著白色緊身衣裙，頗高雅，頭戴著由我們商家後來稱之為「蘇珊娜帽」的直筒高帽。於第四幕婚禮中，伯爵為她戴上插著長羽毛、纏著白絲帶並拖著長紗的高帽。在第五幕裡，她換上女主人的長袍，未戴頭飾。

（5）**瑪塞琳**：聰慧的女人，生性活潑，但因歷盡滄桑，性格改變。扮演這角色的女演員，若可於第三幕母子相認後，表現出過度的驕傲心態，進而昇華到骨氣十足，那就能大大增添本劇的趣味。她身著西班牙裙母裝，顏色很普通，頭戴黑色軟帽。

（6）**安東尼奧**：只需表現出半醉半醒狀，到第五幕則幾乎不見醉意。他身穿西班牙鄉下人服裝，兩邊袖筒往上拉，頭戴白帽，腳穿白鞋。

（7）**芳謝特**：十二歲的女孩，十分天真，穿著一件褐色緊身衣，帶有蕾絲邊，且鑲著銀紐扣，她的裙子色彩鮮豔，頭戴一頂插有羽毛的黑帽。她的服飾與其他參加婚禮的農婦相同。

（8）**薛呂班**：這角色只可承襲傳統做法，由一位十分漂亮的年輕女子扮演。戲班裡還找不到這麼一位男演員，既年輕又成熟，並可充分感受這角色的細膩之處。在伯爵夫人面前，他顯得更靦腆，在他處卻是個可愛的淘氣鬼，一股不安的渴望則是他的性格特質。他巴不得立刻達適婚年齡，但沒什麼具體打算，也沒

什麼知識，完全隨波逐流；總之，天下母親內心深處，或許很樂意有這麼個兒子，雖然得替他操很多心。

於第一、二幕，他穿著華麗，一副西班牙宮廷少年侍從的打扮，鑲銀邊的白色緊身衣、藍色薄外套、插著羽毛的帽子。在第四幕中，他和帶他來的鄉下女人穿著一致：緊身衣、短裙、無邊女帽。到了第五幕，他換上軍服，帽子上有軍徽，還配戴了一把劍。

（9）**霸多羅**：性格和服裝跟他在《賽維爾的理髮師》中同。他在劇本中只是個次要角色。

（10）**巴吉樂**：性格和服裝跟他在《賽維爾的理髮師》中同。他在劇本中也僅是次要角色。

（11）**布里瓦松**：應表現出天不怕地不怕、自信坦然的小人神態。他的口吃不明顯，但卻可增添幾分趣味，演員倘若在口吃上耍噱頭，那就會適得其反，大錯特錯了。這個角色之所以突出，乃在於其身分尊貴，而性格卻可笑，反差很大。演員表現得越自然，便越能展現其演技。他身著西班牙法官長袍，類似教士袍，不像法國檢察官法袍那麼蓬鬆；頭戴很大頂假髮，脖子上圍著西班牙領巾，手執一根白色法杖。

（12）**兩隻手**：裝扮和法官相同，不過手拿的白色法杖短些。

## 三、《犯錯的母親》

（1）**阿瑪維華伯爵**：西班牙大貴族，很自豪但不驕傲。

（2）**伯爵夫人**：很不快樂，天使般的虔誠。

（3）**雷昂騎士**：他們的兒子；愛好自由，如同所有熱情洋溢的年輕人。

（4）**芙雷絲汀**：受阿瑪維華伯爵監護的未成年孤兒、乾女兒；感情豐

　　富的年輕女子。

（5）**貝傑亞斯先生**：愛爾蘭人，西班牙步兵少校，以前伯爵使館裡的
　　祕書；為人深沈，是個大陰謀家，巧妙地製造紛亂。

（6）**費加洛**：貼身僕人，外科醫生，也是伯爵的親信；閱歷豐富。

（7）**蘇珊娜**：伯爵夫人的貼身丫環，費加洛的配偶；是位賢妻，和夫
　　人很親，已非當年涉世不深的女孩。

（8）**法勒先生**：伯爵的書記，是位正人君子。

（9）**吉庸**：貝傑亞斯先生的德國僕人；和他的主人相比，太過單純。

　　由上述人物介紹可發現，費加洛、蘇珊娜、阿瑪維華伯爵和伯爵
夫人是貫穿三部曲的靈魂人物。

## 陸、悅讀《包馬歇三部曲》中的智慧

### 一、《賽維爾的理髮師》的延伸發展

　　《賽維爾的理髮師》（*Le Barbier de Séville*）經過一番波折，原本
的五幕劇裁成四幕劇，其中第一幕和第四幕相對較短，可感受到它的
節奏飛快，立刻進入主題，結尾劇情亦是急轉直下，一氣呵成，演
出時則造成轟動，也醞釀了作者未來繼續寫作《費加洛的婚禮》（*Le
Mariage de Figaro*）與《犯錯的母親》（*La Mère coupable*）的計畫，
這三部曲更奠定了包馬歇在法國戲劇界不朽的地位。不過，真正要
讓本劇發揚光大的，要歸功於羅西尼（Gioacchino Rossini）（1792-
1868），1816 年他將其改編為歌劇，把頗具煙硝味兒的社會批判除
掉，並強調劇中角色貪財的嘴臉，再加諸幽默、抒情、戲劇張力等元
素，令本劇更為活潑，1819 年在巴黎演出後，佳評如潮，演出場次
居一時之冠。

　　《賽維爾的理髮師》一直是法國人喜愛的劇碼，但可能由於羅西尼《賽維爾的理髮師》歌劇版鋒芒蓋過原著，再加上續集《費加洛的婚禮》話劇版與歌劇版激起觀眾們更大的熱情，而令它難免相形失色，但細細品嚐原汁原味的劇本後，我們更能感受到劇作家誠懇地對大時代的針砭。十八世紀七〇年代，法國大革命醞釀之際，法國的自由思潮尤為活絡，作者透過劇本批判了封建婚姻制度，歌頌了年輕人自由真誠的愛情。其中費加洛這一庶民形象的塑造，更反映了當時社會中產階級的圖像，沒有這位百姓代言人、沒有這塊試金石，則難有包馬歇《費加洛的婚禮》的創作高峰。

## 二、《費加洛的婚禮》中的戲劇性

　　《費加洛的婚禮》比《賽維爾的理髮師》篇幅要長，內容更複雜，詮釋起來較耗時費力，但本劇特別具戲劇性，也特別有趣，因此撰寫以下心得與大家分享。

　　《費加洛的婚禮》（*Le Mariage de Figaro*）是包馬歇繼《賽維爾的理髮師》（*Le Barbier de Séville*）之後的又一鉅作，且更受歡迎但也更受爭議，它可說是後者的續集，劇中對特權階級的批判更辛辣、用詞更不敬，導致作者因而一度入獄。故事大致是阿瑪維華伯爵與羅辛妮（Rosine）（阿瑪維華伯爵夫人）婚後生活日久生厭，正值男總管費加洛欲娶夫人美麗的貼身丫環蘇珊娜，伯爵一時色起，想行使逐漸退時的初夜權。然而夫人、蘇珊娜和費加洛不從，於是一同商量對策，偏偏費加洛曾積欠女管家瑪塞琳一筆錢，若無法還債就得娶她為妻；伯爵聽聞，樂得「主持公道」，如此一來，便少了個情敵。殊不知，原來瑪塞琳竟是費加洛失散多年的母親，而霸多羅則是他的生父！他們於是贊成這樁婚事。又伯爵夫人命蘇珊娜接受伯爵的邀請，然後兩人換裝，由伯爵夫人冒充蘇珊娜前往赴約。費加洛起初誤以為未婚妻蒙

騙他，長吁短嘆了一番；事實上，受騙的是伯爵，他幽會的對象正是夫人本人，後來經蘇珊娜解說，費加洛才釋懷；而伯爵在眾人面前出糗，只好打消原先的念頭。

這是齣充滿戲劇性的話劇，不論在情節、時間、空間、語言、布景、服裝和小物件的安排，處處都有玄機。它的故事錯綜複雜，又有雙關語、張冠李戴以及騙人或被騙的場景，令人目不暇給。

（1）情節

在古典劇中，劇作家多奉行「三一律」，在情節方面，只會有個主線故事，其餘次要情節必須依附於主幹，它們則經常是主戲的障礙；而本戲最重要的事件當然是費加洛的婚禮。第一幕時，伯爵（主人）允許費加洛（僕人）成婚，但婚禮因故延遲；第二幕時，由於費加洛欠債，瑪塞琳前來求償，否則得娶她為妻，因此與蘇珊娜的婚禮受阻；第三幕時，發現費加洛原來是瑪塞琳與霸多羅的私生子，所以官司也別打了，有情人終成眷屬的可能性大增，然而最大的阻礙其實是伯爵，在第四幕時，蘇珊娜虛與委蛇，答應伯爵的私會，因此妥協下的婚禮得以進行；直到第五幕，伯爵誤將喬裝成蘇珊娜的妻子認作前來赴約的可人兒，結果顏面盡失，只好求饒，費加洛的婚禮總算圓滿舉行。這亦是僕人戰勝主人的空前勝利。

本劇的頭號障礙就是伯爵，如何令高高在上的他改變佔有蘇珊娜的慾望，煞費周章。再來就是瑪塞琳，金錢問題足以逼死小老百姓，要不是第三幕的大逆轉，母子相認，才讓瑪塞琳和蘇珊娜化干戈為玉帛。而霸多羅與羅辛妮婚事不成，都是費加洛攪的局，自然懷恨在心，想設法報復，沒料到竟因此尋獲親生兒子。還有一個次要障礙便是園丁安東尼奧，他是蘇珊娜的舅舅，以蘇珊娜母親託孤為藉口，非要沒爹沒娘的費加洛找到親生父母才肯點頭，沒想到這些困難，費加洛都一一迎刃而解。在此我們實在不得不佩服包馬歇的足智多謀與巧

妙安排,整齣劇架構堅實,高潮迭起,劇情進行節奏性強,絲毫不牽強,這也是十八世紀俠義小說的特色。

（2）時間

本劇的副標題即是《瘋狂的一天》（*La Folle Journée*）,可見作者是決定遵循三一律對時間上的限制。第一幕一開場,費加洛就誇蘇珊娜一早為婚禮準備的花朵頭飾;第四幕時,包馬歇又利用舞臺指示,點出黃昏將近,長廊已點了燭火。到了最後一幕,作者並明確指出,舞臺是昏暗的,場景在晚間的栗樹園──愛之樹──更增添戲劇的浪漫性。

（3）空間

包馬歇很確切地將主場景設於離賽維爾 12 公里遠,阿瑪維華伯爵的城堡,也就是提醒大家這齣戲是《賽維爾的理髮師》的續集。當然,城堡絕不是個等閒之地,它是封建制度的象徵,牆上掛著國王的肖像,更是權力的符碼。

再者,第一幕場景是伯爵送給費加洛和蘇珊娜的新房,它介於男、女主人房間的中央;第二幕則是夫人房間,金碧輝煌,與第一幕相比,立刻會感受到社會階級的差距。而且夫人房間中「機關重重」,可躲也可逃:如盥洗室、閨房凹室和窗戶;而蘇珊娜房間只有一張大沙發……包馬歇的空間安排設計絕非偶然,都具備其戲劇性。

（4）語言

A. 旁白:

若要令觀眾了解事情的來龍去脈,又不能讓臺上的另一角色知道,就得靠旁白。在《費加洛的婚禮》中,有許多爾虞我詐的場景,尤其在雙方缺乏互信的情況下,既想瞞騙對方,又怕受騙上當。第二幕中,伯爵懷疑妻子有外遇,便使用了旁白,表達內心的不安（Acte II, scène 17, scène 22）。到了第三幕,伯爵欲試探蘇珊娜是否洩露祕密

給費加洛，費加洛也對伯爵存有戒心，他們除了互相套話，其中亦穿插了許多旁白（Acte III, scène 5），最後伯爵似乎得到結論，蘇珊娜背叛了他，告知費加洛一切。到了第五幕，作者更是大量使用旁白，令伯爵、伯爵夫人、費加洛、蘇珊娜的四角關係更顯錯綜複雜，也使戲劇張力拉到極限（Acte V, scène 5, 6, 7, 8, 9），觀眾亦感受得到所謂的主僕關係、男女關係，甚至夫妻關係原來是無比脆弱，不堪挑撥。

B. 獨白：

本劇有不少內心戲，幾乎劇中的要角，都會來上一段獨白，表明心跡。在此羅列如下：

a. 伯爵：III, 4; III, 8; III, 11;

b. 伯爵夫人：II, 25;

c. 蘇珊娜：I, 6; II, 15;

d. 瑪塞琳：IV, 16;

e. 芳謝特：V, I。

當然，主角費加洛幾乎可說是包馬歇的「代言人」，怎能捨去獨白？第一幕，第2場僅小露身手，直到第五幕第3場，那是全劇最長的一段獨白，道出他對女人、愛情及婚姻的看法，觀眾的情緒也隨著他的慷慨陳詞而起伏，在欣賞戲劇的當下，更進行不斷的反思。

C. 對話：

包馬歇最擅長的，莫過於雙人的唇槍舌劍：我們可從中發現人物的衝突點，他們的詭計，還有挖掘對方祕密或要人落入陷阱的問答（見 Acte III, scène 5，費加洛與伯爵的你來我往的對話）。

此外，蘇珊娜和瑪塞琳於第一幕，第5場的針鋒相對，更突顯兩位女人在爭風吃醋時的互不相讓、口不擇言。

而費加洛和巴吉樂於第四幕，第10場的爭吵，則演變為不理性的咒罵，你一言我一語的連珠炮，使人不由自主地血脈賁張，情緒亢

奮。

　　D. 大段臺詞：

　　在第三幕，第 5 場中，費加洛為了要耍伯爵，表示自己不是不會說英語，扯出一句咒罵語（God-dam）的故事，且表示只要會這一句便可行遍英國；這段確實增加了劇本的喜感。此外，瑪塞琳於第三幕，第 16 場義憤填膺的慷慨陳詞，充分抒發了女性在當時社會中所遭受不公不義的待遇，為本劇增添了不少深度與廣度。

　　最精采的，莫過於第五幕費加洛的一大段獨白：「他學化學、學製藥、學外科，結果只當上獸醫；他寫喜劇，但因批評了土耳其王爺，劇本便遭焚毀；他寫了一篇論貨幣的文章，竟被關進巴士底監獄；他辦刊物，不久就在同行的傾軋下被取締……」；他形容所謂的出版自由：「只要不談當局、不談宗教、不談政治、不談道德、不談當權人物、不談有聲望的團體、不談歌劇院、不談任何一個有點小小地位的人，經過兩三位檢查員的檢查，我們可以自由付印一切作品……」；他批評政治，指出政治和陰謀「像孿生姊妹」，「收錢、拿錢、要錢」就是「當政客的祕訣」；他指責司法「對大人物寬容、對小人物嚴厲」；他描寫執法者昏庸無能、貪贓枉法，只能充當被費加洛嘲笑的對象，這是平民百姓的不平之鳴，也是人們對封建社會的重大控訴。作者藉由這「第三等級」爽朗的笑聲，幽默逗趣的嬉笑怒罵，引發眾人的共鳴。

（5）布置

　　首先，蘇珊娜和費加洛的洞房似乎傢俱不全，其中缺了最重要的床，這表示兩人尚未完婚，一切還沒準備就緒；且傭人房本該樸實些，和第二幕伯爵夫人的豪華房間有極大反差。

　　此外，栗樹為「愛之樹」，在幽暗的樹叢間私會無疑是絕佳選擇，令人立刻聯想到華鐸（Watteau）和華格納（Fragonard）洛可可

風的畫作。而園子裡的涼亭有如愛情聖殿，更增加了遐想空間。

值得一提的還有《費加洛的婚禮》在法蘭西喜劇院演出時，舞臺布景產生重大變革：中世紀宗教劇以來，戲劇演出延用並列方式置放布景，如今改為按場次變換場景；舞臺的機械裝置更進步、燈光照明更佳，它首次以油燈照明舞臺，且布景、服裝亦日益華麗。

（6）服裝

服裝可代表一個人在社會中的身分地位：當伯爵穿上法官長袍審問費加洛時，便是一種權威的象徵，令人敬畏。當然，服裝也可能具遮掩身分的功能：如薛呂班的男扮女裝；蘇珊娜與伯爵夫人換裝及角色的互換。它成了掩人耳目的工具，也為戲劇注入一些變數。

（7）小物件

第二幕第21場，園丁安東尼奧撿到一封信（軍令狀），它有如一個楔子，提供了一個線索、揭開了一些祕密，也引起了一陣騷亂。再者，女人的貼身物品，如髮帶、別針，包含了情色意味，也成了製造本劇高潮的佐劑。美少年薛呂班從蘇珊娜手中奪去伯爵夫人的髮帶，並綁在受傷的手臂上，他視之為護身符，兩人間接肌膚相親的橋樑。而蘇珊娜將別針別在信封口，要伯爵送回別針表示同意約會地點，這有如變相的定情物，偏偏費加洛識破其中玄機，醋勁大發，懷疑起他未婚妻的忠貞。可見，一項小小物品，都可能令全劇戲劇性大增，甚至引發軒然大波。

### 三、《達爾杜夫》或《偽君子》與《犯錯的母親》或《另一個達爾杜夫》之比較

包馬歇1792年完成的《犯錯的母親》（*La Mère coupable*）這齣劇中，我們察覺到許多莫里哀《達爾杜夫》（*Tartuffe*）的影子，劇情的安排十分類似，作者也毫無避諱地將副標題寫為《另一個達爾杜

夫》（*L'Autre Tartuffe*），我們也可從以下表格清楚地看出其雷同點。

| | 《達爾杜夫》或《偽君子》 | 《犯錯的母親》或《另一個達爾杜夫》 |
|---|---|---|
| 1. | 諷刺的對象：宗教 | 諷刺的對象：道德 |
| 2. | 引達爾杜夫入室 | 引貝傑亞斯入室 |
| 3. | 奧爾公欲將愛女嫁給達爾杜夫 | 阿瑪維華伯爵欲將愛女嫁給貝傑亞斯 |
| 4. | 奧爾公欲將財產託付給達爾杜夫 | 阿瑪維華伯爵想把財產託付給貝傑亞斯 |
| 5. | 驅逐兒子，剝奪其財產繼承權 | 驅逐兒子，剝奪其財產繼承權 |
| 6. | 達爾杜夫勾引女主人 | 貝傑亞斯引誘伯爵夫人貼身丫環蘇珊娜 |
| 7. | 達爾杜夫利用政治文件陷害奧爾公 | 貝傑亞斯利用預藏信件要挾伯爵與伯爵夫人 |
| 8. | 國王下旨逮捕達爾杜夫 | 費加洛拿國王的赦免令救主 |

　　包馬歇雖然和莫里哀一樣，憎恨那些假道學的虛偽之人，但隨著時代的變遷，內容上也做了些許調整，如達爾杜夫以宗教之名，行詐騙及好色之實，而貝傑亞斯則假裝以好友身分，排難解紛，其實是為達到詐財騙色目的不惜製造人倫悲劇，可惡程度有過之而無不及。當然，包馬歇也不忘藉機嘲諷那些放高利貸、從事銀行業的敵手，莫里哀則較針對十七世紀那些假宗教之名、討好王室的那批偽善者。在《達爾杜夫》裡，他勾引的對象是女主人，而《犯錯的母親》中，貝傑亞斯更富心機，欲利用女僕挑撥伯爵一家人，並分化主僕感情，這也反映了當時社會貴族與平民間的矛盾與緊張關係。最後，在《達爾杜夫》中是國王下旨逮捕達爾杜夫，於《犯錯的母親》裡卻是機智多謀的費加洛再度護主成功，顯見作者欲提高升斗小民的地位，才安排了救主的戲碼；這也暗示王權至上的時代已逐漸式微了。觀賞《達爾杜夫》後的心情可能大快人心，然而《犯錯的母親》卻令人五味雜陳。首先，它不像《賽維爾的理髮師》或《費加洛的婚禮》般具喜感，具音樂性與節奏性，反而讓觀眾更加省思婚姻制度、性別歧視、社會不公等嚴肅議題；且作者不但如往常為民喉舌，替女人發聲，也體諒貴族、男性遭逢衝擊時的心境。本劇中的費加洛不再是反封建的

鬥士，而僅是伯爵的老忠僕，因此喪失了往日魅力，這與民眾的期待不符。不過一部類似其人生回顧的持平劇作，它不同於二元對立、黑白分明的嗆辣言論，因此不符當代觀眾期待，且劇力有後勁不足之感。然而作者在法國大革命（1789）之後，眼見大時代的血腥亂象，反而有點同情失勢的貴族，他已想擺脫令所有人「皆大歡喜」的境界，而欲藉此劇發抒個人的人生哲學，這才是其真正的目的。

## 柒、討論問題

1. 包馬歇是法國劇作家，他為何撰寫以西班牙為背景的《賽維爾的理髮師》？
2. 試析《賽維爾的理髮師》中的主僕關係。
3. 試列舉包馬歇在《費加洛的婚禮》中嘲諷的片段，作者所引起的論戰為何？
4. 《費加洛的婚禮》中，哪些段子可以看出包馬歇為女性處境抱不平？他提出哪些針砭？
5. 在《費加洛的婚禮》第五幕中的張冠李戴，極具戲劇性，其功能為何？
6. 為什麼《犯錯的母親》一劇的副標題為《另一個達爾杜夫》？副標題的功用為何？
7. 試析阿瑪維華伯爵與伯爵夫人羅辛妮在三部曲中個性的改變與轉折。

# 參考書目

Balique Florence, Frantz Pierre, *Beaumarchais: Le Barbier de Séville, Le Mariage de Figaro et La Mère Coupable*, Paris: Atlande, 2004.

Beaumarchais, Jean-Pierre de, *Beaumarchais: le Voltigeur des Lumières*, collection « Découvertes Gallimard », Paris: Gallimard, 1996.

Beaumarchais, Pierre-Augustin Caron de, *Beaumarchais: Le barbier de Séville ; Le mariage de Figaro ; La mère coupable/Beaumarchais*; préf. et comment. de Jean Delabroy, Paris: Pocket, 1999.

Conesa Gabriel, *Le Dialogue moliéresque, étude stylistique et dramaturgique*, Paris: PUF, 1983.

Conesa Gabriel, *La Triologie de Beaumarchais*, Paris: PUF, 1985.

Delon M., *Un morveux sans conséquence: responsabilité et irresponsabilité dans Le Mariage de Figaro*, Paris: Ellipses, 1985.

Delon M., *Figaro et son double; Revue d'Histoire littéraire de la France*, Paris: Colin, septembre-octobre 1984.

Descotes Maurice, *Les grands rôles du théâtre de Beaumarchais*, Paris: PUF, 1974.

Emelina Jean, *Les Valets et les Servantes dans le théâtre comique en France de 1610 à 1700*, Presses universitaires de Grenoble, 1984.

Gailliard Muriel, *Beaumarchais, «Mentor»*, Paris: Ellipses, 1999.

Goldzink Jean, *Comique et comédie au siècle des Lumières*, L'Harmattan, 2000.

Howlett Sylvie, *Maîtres et Valets dans la comédie française du XVIIIe siècle, «Bac blanc»*, Paris: Ellipses, 1999.

Jedynak Sylvie, *Maîtres et Serviteurs, «Savoir et faire»*, CRDP Midi-Pyrénées, 1997.

Larthomas Pierre, *Le Langage dramatique*, Paris: PUF, 1980.

Larthomas Pierre, *Le Théâtre en France au XVIII$^e$ siècle*, Paris: PUF, «Que sais-je?», n.1848, 1980.

Larthomas Pierre, *OEuvres*, Paris: Gallimard, Bibliothèque de la Pléiade,

1988.

Lecarpentier S., *Le Langage dramatique dans la trilogie de Beaumarchais*, Paris: Nizet, 1998.

Pinot Duclos Ch., *Mémoires pour servir à l'histoire des moeurs du XVIIIe siècle*, Paris: ed. H. Coulet, Desjonquères, 1986.

Pomeau René, *Beaumarchais*, Paris: Hatier, 1956, rééd. 1967, repris et revu dans Beaumarchais ou la Bizarre Destinée, Paris: PUF, 1987.

Pomeau René, *Beaumarchais, l'homme et l'oeuvre*, Paris: Hatier-Boivin, 1956, coll. «Connaissance des Lettres»; *Le Barbier de Séville, de l'intermède à la comédie*, RHLF, nov.-dec. 1974, pp. 963-975.

Rabaut Jean, *Histoire des féminismes français*, Paris: Stock, 1978.

Revue Europe, avril 1973 (consacrée à Beaumarchais)

Rey Pierre-Louis, *La Femme*, Paris: Bordas, 1990.

Schérer Jacques, *Beaumarchais, «Le Mariage de Figaro»*, Paris: Sedes, 1996.

Schérer Jacques, *La Dramaturgie de Beaumarchais*, Paris: Nizet, 1954, rééd. 1999.

Seligmann, *L'influence du Mariage de Figaro sur la littérature française*, Prague: Rohlicek und Sievers, 1914.

Ubersfeld Anne, *Un balcon sur la terreur, Le Mariage de Figaro*, Europe, avril 1975, pp. 105-115.

# 視聽教材

*Il Barbiere di Siviglia*, de Rossini, enregistrement disponible en CD. Orchestre Philarmonia dirigé par Alceo Galliera, avec Maria Callas (Suzanne), Tito Gobbi (Figaro), Luigi Alva (le comte Almaviva), Fritz Ollendorf (Bartolo), EMI, 1957.

*Le Barbier de Séville*, de Rossini, DVD. Choeur et orchestre de la Scala de Milan dirigés par Claudio Abbado, mise en scène de Jean-Pierre Ponnelle, avec Teresa Berganza (Suzanne), Hermann Prey (Figaro), Luigi Alva (le comte Almavia), Enzo Daria (Bartolo), enregistrement

1972, Canal, 2005, en version italienne soutitrée en français.

*Beaumarchais, l'isolent*, film d'Edouard Molinaro avec Fabrice Luchini (scénario d'Edouard Molinaro et Jean-Claude Brisville, sur une idée de Sacha Guitry), Téléma, 1996.

*Le Barbier de Séville* de Beaumarchais, DVD du spectacle créé en 1997 au théâtre royal du Parc de Bruxelles (mise en scène de Gérard Marti, réalisation de Mike Roeykens).

*Le Nozze di Figaro*, de W. A. Mozart. Salzburg Marionette Theatre, 2002.

*Le Nozze di Figaro*, recorded live from the Zurich Opera, Wolfgang Amadeus Mozart, conducted by Nikolaus Harnoncourt, 2006.

*Figaro*, un film produit par Jean-Pierre Guerin, réalisé par Jaques Weber. France, 2008.

# 英國文學

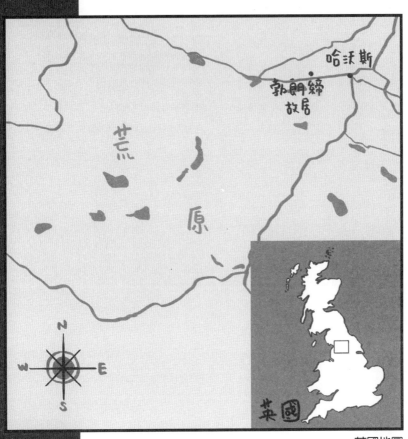

英國地圖

6

# 第六章
# 《簡愛》的誕生：
# 浪漫誌異與維多利亞寫實的交融

吳敏華 [1]

## 壹、文化背景

　　中世紀以降，英法兩國之間，不時兵戎相向，史上歷經諾曼征服、百年戰爭、拿破崙戰爭等等干戈，導致英法兩國，結下世代血海深仇，可謂不共戴天。然而，異於朝廷寇讎相爭，風雲詭譎，民間則愛恨交織。英國百姓仇法情結（Francophobia），固難根除；惟崇法之風（Francophilia），亦盛行英倫，恆逾數世紀之久，於維多利亞時代，蔚為風潮。夏洛特・勃朗締身處維多利亞時期，崇法氛圍濃厚之際，自亦關注法蘭西風土人物，熱衷學習法文。其時，不列顛文壇中人，以法語標誌身分，追摹歐陸文風思潮者，屢見不鮮：威廉・華茲華斯（William Wordsworth）、馬修・阿諾德（Matthew Arnold）、查爾斯・狄更斯（Charles Dickens）與奧斯卡・王爾德（Oscar Wilde），皆為當時英國崇法風潮之典型代表人物。

　　1790 年，法國大革命，戰火方酣之際，華茲華斯便親赴歐陸，

---

1　作者為國立政治大學英國語文學系助理教授。

棲身聖女貞德（Jeanne d'Arc）的榮譽之城——奧爾良（Orléans），壯遊法國阿爾卑斯山，隔年與法國女郎安奈特‧法隆（Annette Vallon）相戀，1792 生下私生女 Anne-Caroline Wordsworth。華茲華斯，桂冠詩人也，晚年固然名冠英倫，其青年時代之夢想，竟只盼有幸於花都充當英國遊客嚮導，以盡覽巴黎風光，法國對英國文人之魅力，可見一斑。

　　文化評論家阿諾德，於維多利亞時期，極孚眾望，牛津大學同學克羅（Clough）形容他：渾身上下散發巴黎情調，口哼法國流行歌曲，眼觀法國戲劇演出；中午 12 點吃「早」餐，罕上教堂，不修邊幅；並親赴巴黎，逐場觀賞法國女伶 Rachel 亮相舞臺，甚而登門造訪法國小說家喬治‧桑（George Sand），並入室親炙法蘭西評論家聖伯甫（Sainte-Beuve）。尤有甚者，阿諾德於蜜月之夜，圓房在即，縱使「要務纏身」，雲時之間，卻范文正公顯靈，一番感時，繼而憂世，當真「後天下之樂而樂」！多佛海灘，乃英法兩國最為毗鄰之地，當此蜜月良宵，詩人「不圖正務」，卻伴隨潮浪起落，吟哦惆悵善感詩篇——〈多佛海灘〉（"Dover Beach"），於英倫與歐陸情怯之距的海灘，暗自揮舞道德慧劍，慟斬與法國女郎瑪格莉特（Marguerite）之間，藕斷的情絲。

　　此外，小說家狄更斯，盛讚法國人乃「宇宙間第一等之民族」。其代表作《雙城記》（A Tale of Two Cities），擎舉歐洲文明雙璧：一城為英國倫敦，另一城則為法國巴黎。狄更斯著迷花都，曾說巴黎予其璀璨印象，簡直「筆墨難以形容」。十九世紀，海上交通艱險困阻，狄氏為一睹花都風采，仍奮勇冒險穿梭英吉利海峽，不下二十餘次。狄更斯雖於信末署名：「一名巴黎市民，籍歸法蘭西」；然而，狄氏畢竟未如勃朗締姊妹，赴笈法語系國家，寒窗刻苦；學者指證歷歷：狄氏雖頗以法文能力自矜，然其法文造詣，實未如其夫子自道般

優異。

世紀末葉，王爾德尤其崇尚巴黎，於其著名小說《道林‧格雷的畫像》（*The Picture of Dorian Gray*）中，借角色 Sir Thomas 尊口，臧否寰宇：「善良的美國人，死後都去了巴黎」。王氏少時與母親同遊法國，婚後蜜月花都，成名後，於拉丁區與法國文友舉杯縱談，「晚」年則嚥氣於左岸不起眼的亞爾薩斯旅店，身後更青山埋骨，於雋永如詩的巴黎拉雪茲神父墓園（Cimetière du Père-Lachaise de Paris）。

勃朗締處身如是歷史文化氛圍，時來日往，日薰月陶，浸之淫之，於逆旅過隙，感受法蘭西文化之聲聲召喚，不免亦步亦趨，遠則眺望巴黎，近則凝觀法語，賡續前輩與當代文人崇法風潮，於課業、家教、留學、戀愛、激情、創校、翻譯、情書、小說創作、戀人絮語……等等面向，處荒原野際，酣暢淋漓，盡吐勃朗締朝夕吟哦的法蘭西私語。

## 貳、《簡愛》作品簡介

### 一、《簡愛》書名之中譯

夏洛特‧勃朗締出生迄今，逾兩百年之久；然則，小說《簡愛》卻歷久彌新，聲譽日隆。牛津大學聖安妮學院（Saint Anne's College, Oxford University）之《簡愛》翻譯研究指出，該小說至今已迻譯為數十種語言，計有五百餘種譯本，時至二十一世紀，仍廣受全球讀者喜愛。1935 年 *Jane Eyre* 中文全譯本問世：伍光建譯書名為《孤女飄零記》，李霽野譯之為《簡愛自傳》。伍譯書名頗為忠實信達，惟後世譯名承襲《簡愛》二字，實乃脫胎李霽野之《簡愛自傳》。李譯女主角名為「簡愛」，較諸伍光建譯名「栳晤」、矛盾譯名「真亞耳」，其琅琅上口程度，相差不知凡幾。其實，譯名《簡愛》，就翻譯科學而

言，原非正譯：該譯名將人名 Jane，翻譯為姓氏「簡」，把英文的名字，轉譯成中文姓氏，顛倒了原本的姓、名順序。然而，就翻譯藝術而言，該譯名卻完美出奇：譯名《簡愛》，單以一個「簡」字，不僅賦予女主角中文慣用姓氏，更於書名中突呈整部小說題旨（theme）。「簡」在英文中，既發人名 Jane 之音，更概括全書關鍵字「plain」之義，作者以之形容簡愛性格、衣著、外貌、內心、談吐、價值觀……等等。「Plain」一字在小說原文中，共計出現四十九次。對勃朗締而言，plain 一字，要義非凡，除了作為形容詞，亦於作品中化其形為「plainly」、「plainness」。作者以該字眼形容簡愛「樣貌平庸、衣著樸素」（plain style）、講話「坦白、不假修飾」（speak plainly）、喜歡「簡單、不矯飾」的事物（plain things）；同時，亦暗指小說為寫實論世（depicted as a plain tale），此風格裨益讀者較為「清楚、明白」（plainly）地閱讀文本，易於「理解」（plain as understandable）作者所欲闡述的內容。

## 二、《簡愛》作品中之浪漫元素

《簡愛》名列自傳寫實經典之作，卻巧妙挪用哥德誌異文學元素。例如，簡愛舅媽家屍魂壟罩的紅屋、描寫校長駭人嘴臉的誇張手法、鬧鬼的城堡與迴廊、迷宮式的空蕩莊園、閣樓上的瘋婦柏莎·梅森，以及簡愛與羅徹斯特最終復合前，超自然力量的召喚（supernatural call）等。

揆諸《簡愛》一書，作者以極其細膩之筆觸，描繪撫慰人心之荒野與大自然，浪漫主義色彩頗為鮮明。簡愛齁口四方，獨立尋愛人間，爭執矛盾無解之時，冤屈苦悶無告之際，總不忘遁入石南荒野，投身大自然懷抱。空間上，荒野自然攸關勃朗締一家居住的地理環境；時間上，孤女簡愛託付自然之舉措，實傳承浪漫主義中，崇尚

自然原野的詩歌傳統。哈沃斯牧師宅邸（Haworth Parsonage）後方，望眼可見一片無盡的荒原，夏洛特與其弟、妹最大的娛樂與慰藉，便是縱身荒原，一邊散步，一邊聊天：腳踏浪漫主義的自然原野；口論維多利亞時期的生存大計。在《簡愛》第十二章中，簡愛首次邂逅羅徹斯特於荒野道上，羅徹斯特因閃避不及而摔馬，簡愛扶助他重回馬背，安抵荊棘莊園。年輕瘦小的孤女簡愛，卻幫助了壯碩年長，且社會階層較高的羅徹斯特，一如其受雇為家庭女教師後，從火場中隻手拯救其「父權男主」一樣。此顛覆男強女弱的一幕，顯示自然荒野於無形之中，賦予簡愛神奇的生命力量，讓她霎時不受社會階級、階級社會的百般侵凌。該男主角墜馬段落，亦為勃朗締預埋之伏筆，預示簡愛愛情天路歷程的終篇，女主角柳暗花明之結局。仲夏夜花園求婚記中，簡愛一番申言，隆重宣告其愛情信仰，訴諸上帝跟前靈魂的絕然平等；而中介自然與院落的園圃，銜接宅邸與荒野的花園，可謂生機勃勃，聲情並茂，既野趣橫生，更涵詠文明之巧為嫁接，及文化之費心剪裁；月光之下，夜鶯殷勤鳴囀，美聲繚繞於仲夏夜花園，不啻濟慈浪漫園林美學，透過不朽之禽——夜鶯——之嘹亮歌聲，於維多利亞時代，蔓延不息，繁榮滋長。花園求婚記一幕，乃《簡愛》手稿於全球各大博物館展覽時，最常公開示眾的象徵段落。《簡愛》雖非女性主義開山之作，然其作品中追求男女平等之觀念，仍不失為女性主義之概念先驅。

## 三、拜倫對《簡愛》的影響

　　《簡愛》之創作，亦深受勃朗締另一文學偶像——拜倫（Lord George Gordon Byron）——的影響。浪漫主義詩人拜倫，其作品《恰爾德‧哈羅爾德遊記》（*Childe Harold's Pilgrimage*），以莎士比亞哈姆雷特，與歌德維特為原型，塑造「拜倫式英雄」（Byronic hero），

可謂浪漫時期英雄之代表形象。拜倫式英雄坐擁書城、飽讀詩書、
品味高尚、自負且聰穎；善洞察，富激情、憤世嫉俗、情緒變幻莫
測；追求禁忌的愛情，抗拒社會禮教，又鄙棄庸俗的傳統，蒙受一
種「大成無缺」式的百無聊賴（ennui），雖深具獨特魅力，卻亦懷自
毀傾向。拜倫本尊，實乃拜倫式英雄之正宗，完美之中隱現殘缺。他
天生右足微瘸，故而勤練拳擊、劍術與游泳；夏洛特胞弟伯蘭威爾
（Branwell）深受拜倫影響，十分熱衷拳擊。拜倫情史殊勝，情牽同
父異母胞姊，該亂倫禁忌之愛，咸信以一名私生女為果。《簡愛》與
《咆哮山莊》（Wuthering Heights），雙雙刻劃拜倫式英雄角色，以牽
動小說情節發展之全局。[2]

　　拜倫早年居所紐思忒莊園（Newstead Abbey），可謂勃朗締構思
荊棘莊園之原型。[3] 大宅邸前方，橫陳一潭明鏡大湖，拜倫經常與其
大狗雙雙泅泳湖中。其犬名曰 Boatswain，於 1808 年撒手「犬」寰，
拜倫於紐思忒莊園東側，為愛犬豎立紀念碑，刻錄詩作：〈紐芬蘭犬
碑銘〉，哀感犬友：「忠犬與主通靈犀／為主而生死知己」；詩末悵
然若失：「立碑哀埋犬友骨／無雙友朋一抔土」。[4] 字裡行間，處處顯
露拜倫勛爵「親狗遠人」的一面。《簡愛》一書中，如同 Boatswain
般的拜倫式英犬，亦常伴羅徹斯特左右。小說開場未幾，羅氏與簡
愛初次邂逅，英犬 Pilot 便已伴隨主人身旁；小說尾聲，同一條英

---

2　《簡愛》中拜倫式英雄為羅徹斯特；《咆哮山莊》中拜倫式英雄為男主角希茲克
　　里夫。

3　學界更有一說：以德比郡哈頓廳（Haddon Hall）為荊棘莊園之藍本，蓋因作者
　　勃朗締曾於附近擔任家庭女教師。

4　拜倫原詩題名為 "Inscription on the Monument of a Newfoundland Dog"。文中
　　所譯詩行，前二句原文為 "Whose honest heart is still his master's own, / Who
　　labours, fights, lives, breathes for him alone" 後二句原文為 "To mark a Friend's
　　remains these stones arise; / I never knew one—and here he lies"。

犬 Pilot，已然垂垂老矣，陪主人爐邊憶往之際，簡愛重返羅徹斯特殘身，忠犬耳尖，與主同喜，吠報盲眼主人以簡愛落葉小唱的輕靈跫音。安妮（Anne）的愛犬 Flossy，與艾蜜莉（Emily）的愛犬 Keeper，雙雙為勃朗締家族，增添蓬勃生氣與真摯友誼。夏洛特創作小說《雪莉》（Shirley）時，逕將悍然戾戾的 Keeper，寫入書中，躍然紙上，化名 Tartar。2019 年 11 月起，紐思忒莊園向勃朗締博物館，借展夏洛特與其弟、妹之水彩畫作、筆記本、早期出版的小說與詩集等文物，凸顯浪漫主義詩人拜倫，對勃朗締家族文藝創作之深遠影響。

拜倫寢室一塊告示牌寫道：1815 年，拜倫於該室夢見鬼魂造訪，詩人深信，此噩夢為婚姻不祥之兆，旋即草草結束該場婚姻。《簡愛》之噩夢縈繞、閣樓瘋婦柏莎・梅森、主角之首婚、離婚、再婚等情節鋪排，似乎借鏡拜倫噩夢與婚姻之乖離乖違。[5] 勃朗締父親，為拜倫於劍橋大學高三屆之學長，且藏有一整套貴族學弟拜倫作品，乃勃朗締自幼熱愛之讀物。拜倫之於勃朗締一家，其淵源之深，與影響之鉅，由此可見一斑。英倫浪漫主義大詩人，世稱拜倫勛爵，同情弱勢，名懸歐陸，動見觀瞻，其噩夢、婚姻、乖離，廣為人知。拜倫式噩夢、寢居、莊園、婚姻、衣著、讀物、寵物、談吐、激情、追尋……等等，不一而足，咆哮荒原，風行於世，在在草偃勃朗締的生命追尋與藝術創作。

---

5　另有學者認為：《簡愛》之閣樓瘋婦，乃受法國「藍鬍子」（"Bluebeard," "Barbe bleue" in French）民間傳說影響。關於克里奧爾人（Creole），柏莎・梅森之瘋婦形象，學界常視之為勃朗締對帝國殖民地汙名化之書寫。珍・瑞絲（Jean Rhys）作品，《夢迴藻海》（Wide Sargasso Sea），改寫《簡愛》，企圖為柏莎・梅森平反，並賦予「她者」正面之形象。

## 四、《簡愛》：夏洛特・勃朗締的生命之書與憂患之作

　　長姐如母，夏洛特為餬口家鄉，早早擬訂生存大計，著眼創辦語言學校。故特向阿姨商借重金，攜手大妹艾蜜莉，披掛蒼海，重洋遠渡，負笈比利時，以精進外語能力。百般艱難之餘，勃朗締姊妹終於 1844 年，發佈其招生手冊：「勃朗締姊妹女子住宿教育機構」，授課內容包含：「法語、德語、拉丁文／寫作、算數、歷史、文法、地理、女紅／音樂、繪畫、鋼琴」等等，學費亦分項條列，以昭公信，[6]可謂一絲不苟，煞有介事，姊妹攜手協力，盼能立足社會。卻因胞弟與女雇主爆發性醜聞，加之學校地處偏遠，未能如願招收任何一名學生。旋即，夏洛特發起詩集出版計畫，三姊妹皆採男性筆名，隱身書後，以防讀者、論家貿然之偏見，然亦只能自費出版，可惜最終僅僅售出兩冊，夏洛特的生存作戰，再次以敗北收場。身為長姐，夏洛特屢戰屢敗，更屢敗屢戰，旋即領軍奮起，三姊妹企圖出版小說。[7]夏洛特、艾蜜莉與安妮分別寫就《教師》（ *The Professor* ）、《咆哮山莊》（ *Wuthering Heights* ）與《艾格妮絲・格雷》（ *Agnes Grey* ）。這一次，兩位胞妹的作品雙雙告捷，惟領頭羊夏洛特初試啼聲之作《教師》，[8]獨獨見棄於書林。繼之，夏洛特轉念創作《簡愛》，創

---

6　其英文招生手冊之封面原文為："The Misses Brontë's Establishment for THE BOARD AND EDUCATION of a limited number of Young Ladies, THE PARSONAGE, HAWORTH, near Bradford." 其英文授課內容原文為："French, German, Latin / Writing, Arithmetic, History, Grammar, Geography, and Needle Work / Music, Drawing, Piano"。

7　未避免混淆，在同時談及夏洛特・勃朗締與其家庭成員時，逕以其名稱之。

8　《教師》之英文原著書名 *The Professor*，實為作者夏洛特法文思維之裸現，係法文 *Le Professeur* 之英文字面直譯，此字的法文實質文字內涵為「中學教師」之意，非英文「大學教授」之謂。夏洛特鍾情法文教師、心繫法語學習，魂牽夢縈，一往情深，罔顧兩國語言間 Les faux amis（同形異義字）之羈絆，有以致之。另，小說中英文字眼 college，亦為法文 *collège* 之直譯，係中學、國中

作過程中，夏洛特歷經《教師》出版鎩羽而歸的沮喪。同時，不知出於何故，她崇拜、苦戀的比利時法文教師，赫杰先生（Monsieur Héger），幾度法文魚雁往返之後，拒絕再度覆信，以致音訊杳然；夏洛特頓時面臨精神崩潰危機，《簡愛》之書寫，遂成為一封封她寫予赫杰先生的情書。簡愛與羅徹斯特之靈犀互動，宛若知音，實為夏洛特對赫杰先生理想之投射；夏洛特於現實生活中，愛戀有婦之夫，飽受挫折，遂將愛情實現於小說中；夏洛特之異國苦戀，慘遭赫杰太太（Madame Héger）監視與橫阻，或因之假手潛意識藝術天地，整頓赫杰先生法／髮妻，一整其裝容，二整其法律地位，以此奔赴簡愛與羅徹斯特，共結連理的夢想結局。

再者，《簡愛》之作，實下筆於曼徹斯特，而非哈沃斯的牧師宅邸，蓋夏洛特父親派垂克（Patrick Brontë），正於該城進行白內障手術。倘若手術失敗，派垂克極可能雙目失明，如此便會立即喪失教區牧師職位；換言之，勃朗締一家，亦將喪失長居的牧師公館，流離失所，無家可歸。故而，對夏洛特而言，《簡愛》之作，繫乎全家之存亡；唯有成功，方能解決顛沛危機。綜觀勃朗締一生，死亡陰影始終籠罩：五歲喪母，幼年失恃；年方九歲，兩名胞姊：瑪利亞與伊莉莎白（Maria and Elizabeth Brontë），雙雙於教會寄宿學校感染肺病身亡。是以，父親手術，既隱涵失明風險，更關涉身故危機。勃朗締成名未幾，其胞弟、胞妹：伯蘭威爾、艾蜜莉、安妮，接連感染肺病身故，訃聞一時頓如雪片，紛紛自荒原寄出。《簡愛》副標題為「一部自傳」，誠哉斯言！蓋《簡愛》寫作，於夏洛特精神飽受折磨之際，

---

之義，非大學、學院之謂也。當今華人學界，泰半中譯 The Professor 書名為《大學教授》，未諳該書名於作者潛意識中法、英轉譯之周折，未關照法文學習於作者生命歷程之非凡要義，不可不察也。

成書於生存條件危急之秋，可謂一部勃朗締生命之書，憂患之作。

## 參、作者：夏洛特・勃朗締

夏洛特・勃朗締的父親，派垂克・勃朗締出身愛爾蘭佃農家庭，計有九位兄弟姊妹。身為長子，派垂克憑藉刻苦自學，爭取公費資格，蒼海張帆，重洋遠渡，負笈劍橋大學深造神學。劍橋大學畢業後，派垂克從助理牧師（curate），一步一步，奮鬥前行，至位階較高的牧師（parson）職位，長居哈沃斯牧師宅邸，即今日勃朗締牧師公館博物館（Brontë Parsonage Museum）。派垂克出版四本詩集，與一本小說，其追隨文藝繆思的步履，從浪漫時期詩歌，一步一腳印，邁入維多利亞初期，而過渡至小說創作。早期的戶籍資料中，派垂克的姓氏，原本拼寫為 Brunty 或 Prunty；爾後，其成名作 *The Cottage in the Wood*，於 1816 年刊行之際，才幡然蛻變成鼎鼎大名的傳奇姓氏── Brontë。派垂克一生，體現維多利亞時代，「自助」（self help）的主流精神。此一觀念與範例，詳載於塞繆爾・斯邁爾（Samuel Smiles）同名暢銷著作《自助》（*Self Help*）。綜觀派垂克一生，深刻感受時代之召喚，跨海奮鬥，攀爬生命陡坡；無疑，該維多利亞召喚（Victorian interpellation），幡然改寫勃朗締家族之生命歷程。夏洛特深受虎父薰陶，《簡愛》行文脈絡，無不再現：仰首奮進、無懼挑戰之時代精神。勃朗締（Brontë）三姊妹，之所以中譯為「勃朗締」，蓋因其憑藉「勃」然怒放之生命，「朗」抱古今文藝殊勝，於垂遠荒原之家，「締」造不朽之文壇傳奇。「締」一漢字，關乎其輩生命奮鬥史──憑藉「自助」的時代精神，力爭上游，勃朗締一家，改寫無名的 Brunty，或無聞的 Prunty，為擲地有聲的 Brontë，既「締」造傳奇生命，更「締」造文學史上不朽之地位。

　　伊莉莎白・蓋斯凱爾（Elizabeth Gaskell）為夏洛特作傳，《夏洛特・勃朗締傳》（*The Life of Charlotte Brontë*）中，把派垂克描寫成一位冷峻、嚴厲的父親；然而，現代研究與傳記資料推翻此一論點。身為一名教區牧師，派垂克為一「窩」兒女，樹立讀書學習的成功楷模，對孩子教育用心極矣，甚且慈愛有加。夏洛特為創立語言學校，立足社會，特向阿姨伊莉莎白（Elizabeth Branwell）借貸，以前往布魯塞爾赫杰寄宿學校（Le Pensionnat de Monsieur et Madame Héger），精進法語。處異域，說法語，她霎時愛上法文教師赫杰先生（Constantin Héger）；爾後，於小說天地，赫杰隱約化身為羅徹斯特。[9] 對夏洛特而言，法語既意味著現實生活——麵包，更意味著赫杰先生——愛情，法語成了愛情與麵包的絕妙交會。換言之，法語的學習，於孤女簡愛之教育歷程，意義非凡。她於法文課，第一個習得的單字是 être，其意義為「存在」，在在暗示著：簡愛必須學成法文才能存在，法文賦簡愛以嶄新的生命。

　　夏洛特與其胞弟、胞妹皆曾擔任家庭教師。1851 年，英國約有二萬五千名家庭女教師。維多利亞時代的家庭女教師，係一中介曖昧（betwixt and between）角色。她們受過教育，並非文盲；她們懷抱學問，卻又未如藍襪子（bluestocking）聞名；於任職的家庭中，她們位處尷尬角色，地位介於僕人與主人之間，既為僕人排斥，又受主人鄙夷。家庭女教師教課內容包涵：舉止、儀態、禮儀、口語、閱讀、寫作、算數、法語、繪畫、鋼琴……等等，不一而足，工作時間十分冗長，薪水卻極其微薄；隨著孩子逐漸長大，而失去工作，得再次餬口四方，常常居無定所，流離他鄉；尤有甚者，可能慘遭虐待，為雇

---

9　赫杰先生其時已有妻在室，育有子女六名，其妻實為語言學校幕後金主，加以虔誠天主教信仰，斷難接受夏洛特激烈的情感。

主謀殺，死於非命，沉冤異域。《簡愛》小說中，簡愛與阿黛兒的親
密互動，既重現夏洛特切身的家教經驗，更巧妙挪用其苦心修習之法
語。[10]

哈沃斯牧師宅邸，亦位居中介之境，後面一片荒原，無工業革命
痕跡；宅邸前方山谷，則見傳統織廠房，這些紡織廠房，經歷工業革
命洗禮，偶有工人暴動事件。此宅邸座落位置，一如家庭女教師，位
處與其服務家庭間的中介地位；在地理位置上，介於自然荒原與紡織
廠房之間；勃朗締所處的文學時代，則處於——浪漫主義詩歌、維多
利亞寫實小說蓬勃發展——兩段時期之間。換言之，勃朗締姊妹，在
地理空間、文學時期、社會地位上，無不處於中介曖昧地位，而此中
介狀態，則隱現於小說紋理之間。

哈沃斯（Haworth）雖偏僻、荒涼，但勃朗締一家的心靈，與此
處的自然荒野，卻無比契合。他們熱愛周遭的荒原，喜歡於此漫步徜
徉。對一般人而言，這恐怕是一方不宜人居之地；然而，對夏洛特
與其手足而言，「家」永遠是他們心之所向：「荒丘橫亙一星點，／
嚴冬咆哮雨連綿；／風雪起時情愁慘，／孤燈一盞透心暖。／／葉
落樹禿吾盧朽，／無月冥色籠蒼幽；／人間豈有相思處，／勝卻寒
舍團圓爐？」。[11] 走過無憂無慮的童年歲月，共同承擔餬口四方的生
命現實，四處擔任家庭教師，不啻為稻粱謀耳，一生難得於荒丘家

---

10 簡愛擔任阿黛兒家教之情節安排，亦為夏洛特夢想之實現。赫杰先生曾於夏洛
特學成歸國之際，央求她攜其女返回英國，就近學習英語。勃朗締礙於現實考
量，未能成命，卻將赫杰先生之請，納入小說紋理，彷彿阿黛兒便是赫杰的小
孩，羅徹斯特便是赫杰化身。霎時，文本之書寫，竟如肉身之團聚。

11 Emily Brontë 之英文原詩如下："There is a spot, 'mid barren hills, / Where winter
howls, and driving rain; / But, if the dreary tempest chills, / There is a light that warms
again. // The house is old, the trees are bare, / Moonless above bends twilight's dome;
/ But what on earth is half so dear— / So longed for—as the hearth of home?"

園團聚。勃朗締三姊妹傳記電影，《隱於書後》（*To Walk Invisible*），海報中刻意呈現：三姊妹站立荒原之上，仰首眺望遠方，顯露其心之所嚮，必欲於鄉關之外出人頭地（get on）的決心。三姊妹戀家情深，卻也希望走出邊陲貧瘠之地，垂名遠方，永載青史。《隱於書後》中，有一橋段呈現三姊妹漫步荒原，但其交談內容，盡是對無知未來之憂慮。她們腳踏浪漫自然田野，眼瞻維多利亞工業革命餘波。面對社會鉅變，貧富懸殊的時代，女王（Queen Victoria）轄下，已然判若兩國（The Two Nations），三姊妹憂心忡忡，苦思生存良策，無時不已，可謂擺盪於浪漫與現實、想像與寫實之間。

　　身為長姐，夏洛特劍及履及，為求詩藝蒙受點撥與青睞，主動寫信給大詩人羅伯特・騷塞（Robert Southey）。騷塞乃華茲華斯前任之英國桂冠詩人，亦為夏洛特成長過程中之偶像。她寄予騷塞的信件業已亡佚，而騷塞的覆信卻保存完好。維多利亞時代，視女人為「家中天使」（the angel in the house），認為女性應在家庭中操持家務，相夫教子；因此，騷塞在信中斬釘截鐵，敦告夏洛特：作為個人成就也好，作為娛樂也罷，女性都不應該，也不適宜涉足文學。騷塞雖然澆了夏洛特一盆冷水，然而，相對於其弟伯蘭威爾，致信華茲華斯，卻杳無回音；騷塞雖不認同女性創作，桂冠詩人魚雁荒原，此舉之於茅廬未出、羽翼未豐的夏洛特，已是莫大之鼓舞。[12]

　　經由小妹安妮介紹，伯蘭威爾於羅賓森（Reverend Edmund Robinson）家擔任家庭教師，孰料，竟與年長十七歲的羅賓森太太（Mrs. Lydia Robinson）滋生姦情。該醜聞沸沸揚揚，難見容於維多利亞社會，眾所仰望的勃朗締牧師之家，霎時蒙羞荒原。創辦語言學校

---

12 雖然華茲華斯未曾覆信伯蘭威爾，卻於寫予騷塞的信中，提及青年伯蘭威爾來信，華氏厭惡（disgust）其諂媚阿諛（gross flattery），拒予理會。

之夢，夏洛特苦心孤詣經年，竟因勃朗締么子貿然一舉，加以哈沃斯地處偏避，未能招收到任何學生而功虧一簣。勃朗締三姊妹，轉而出版詩集，為避免出版社對女性作者懷抱偏見，夏洛特、艾蜜莉與安妮分別採取男性筆名：柯勒、艾利斯與艾克頓・貝爾（Currer, Ellis, and Acton Bell），史稱「貝爾兄弟」（The Bell Brothers）；然而，即便隱姓埋名，出版社仍未接受其詩集，最終由她們自費出版，且僅僅售出兩冊。其時，英國文學正從浪漫主義時期，逐漸過渡至維多利亞時代，而浪漫時期最重要的文體乃詩歌，而非小說。詩集出版失敗之後，勃朗締姊妹轉而出版小說。夏洛特率先寫作《教師》，《教師》一書要旨，乃拚搏之生命，奮鬥之精神，一開始未為出版社接受，於勃朗締身故後方見出版。《教師》見拒，勃朗締轉換敘事角度（perspective）與人稱（person），另行創作《簡愛》一書，巧妙融合個人生命經驗、時代精神、浪漫主義遺緒，化危機為轉機；《簡愛》行文，除融會《教師》寫實手法之外，另貫通誌異想像成分，連結個人生命奮鬥史，並鎔鑄哥德式小說驚悚、懸疑元素，亦即，融合浪漫主義想像，與維多利亞寫實小說雙重特色。小說《簡愛》於 1847 年發表，夏洛特・勃朗締終於一償平生宿願——揚名（make a name）英倫；此後，Brontë 大名，植根全球書林，擺陣世界文壇，飲譽無盡世紀。

## 肆、故事摘要

　　簡愛乃一名孤女，自幼寄養於蓋茨海德府，即其舅媽里德太太家。簡愛年幼的生命，籠罩於舅母虐待的陰影下，十歲那年被送進羅伍德教會寄宿學校，校長是位自私、殘忍、虛偽的宗教衛道人士。於寄宿學校，簡愛飽受饑寒，歷經折磨，為制式教育荼毒，蒙受不白之

冤；期間好友海倫羅患肺病，沉痾已深，垂死時分，簡愛同床相伴，
直至幽明永隔；簡愛憑藉堅強意志，完成學業，成為一名優秀的學校
教師。然因難忍學校孤寂生活，自行刊登求職廣告，順利受聘於荊棘
莊園。

　　莊園主人羅徹斯特，是位性格陰鬱、喜怒無常之人，他和簡愛經
常直抒己見，辯論不休，但時來日往，兩人卻情愫暗生。一日，里德
太太派人找簡愛，說她病危，要見簡愛最後一面。見面時，里德太太
給她一封信，該信乃三年前簡愛叔父所寄，向她打聽簡愛消息。里德
太太謊稱：簡愛病死寄宿學校。臨終前，里德太太終於良心發現，欲
將真相告知簡愛。

　　於荊棘莊園，藉由宴請貴族名媛、仕紳至莊園作客，羅徹斯特費
心安排，故意與貴族名媛英格蘭姆親暱互動，更透過女管家之口，釋
放即將與該名媛成婚之消息，以測試簡愛對男主人之情感。一日，羅
徹斯特「巧遇」簡愛於仲夏夜花園裡，羅氏一番欲擒故縱，表明自己
新婚在即，必須辭退簡愛，要求簡愛遠渡重洋，赴愛爾蘭擔任家庭教
師，霎時之間，簡愛泫然欲泣，傷心欲絕；羅徹斯特窺探簡愛真情，
轉而數落英格蘭姆為人現實，與羅氏之交往，貌似親暱，狀若真愛，
實則母女雙雙貪圖羅氏家財，羅徹斯特旋即求婚簡愛，簡愛秉承其靈
魂平等宣言，幾度確認羅氏所言不假，喜不自勝之餘，憑一介孤女
自由之意志，慨然應允。然而，歡喜籌備婚禮之際，簡愛卻於教堂婚
禮上發現：羅徹斯特早已成婚，法妻赫然在焉，且其妻困於家族基因
遺傳，早已成為一位精神病患者，現居荊棘莊園閣樓，受僕人特殊看
顧。

　　簡愛嚴拒羅氏南法「情婦」之邀約，心碎揮別荊棘莊園。途中神
情恍惚之際，她遺失包裹，身無分文，沿途饑寒交迫之餘，投身自然
荒野，銘感大自然之懷納，懇謝荒野之滋涵。最後，暈倒牧師辛君家

門，由辛君和兩位胞妹救醒，並幫她尋得一份教師工作。而後，辛君
發現簡愛係其表妹，簡愛叔父——即辛君舅父，將遺產悉數留予簡
愛，簡愛則將遺產平分予自己和三位表親。表兄辛君以印度傳教大
業，亟需一位得力助手為由，求婚簡愛，但簡愛忠於最原始、最純粹
的愛情，不為人間功利所蠱，不受宗教聖銜所惑，峻拒之。某日，冥
冥之中，感應羅徹斯特殷切不已的心靈召喚，簡愛回歸荊棘莊園，莊
園已然廢墟一片。其後，簡愛輾轉得知羅徹斯特髮妻午夜縱火，於大
火中跳樓身亡，羅徹斯特為拯救法妻與僕人，於大火中燒瞎雙眼，並
喪失一肢手臂，殘身已疲，孤苦無依。最終，簡愛跋涉芬丁園，探視
羅徹斯特。兩人好事多磨，柳暗花明後，有情人終成眷屬，孕育男嬰
一名。終篇之際，羅徹斯特眼睛康復，恰可看見兒子——兩人苦難愛
情的結晶，完成孤女簡愛對美好愛情的想望，實現勃朗締命途乖舛的
荊棘之愛。

## 伍、人物、角色

簡愛（Jane Eyre）：女主角
里德先生（Mr. Reed）：舅舅
莎拉・里德（Sarah Reed）：舅媽
約翰・里德（John Reed）：舅舅的兒子
愛麗莎・里德（Eliza Reed）：舅舅的女兒
喬治安娜・里德（Georgiana Reed）：舅舅的女兒
貝西・李（Bessie Lee）：舅舅家的傭人
洛伊德先生（Mr. Lloyd）：里德家的藥劑師
布洛克赫斯特先生（Mr. Brocklehurst）：羅伍德寄宿學校管理者、校長
瑪莉亞・譚普爾（Maria Temple）：羅伍德寄宿學校主任教師

史凱查小姐（Miss Scatcherd）：羅伍德寄宿學校的惡毒教師

海倫・柏恩斯（Helen Burns）：簡愛在寄宿學校時的好友

愛德華・費爾法克斯・羅徹斯特（Edward Fairfax Rochester）：男主
　　角，荊棘莊園主人

柏莎・安唐妮塔・梅森（Bertha Antoinetta Mason）：羅徹斯特的祕密
　　髮妻

塞琳・瓦姐（Céline Varens）：法國歌劇舞者，羅徹斯特情婦，阿黛
　　兒・瓦姐生母

阿黛兒・瓦姐（Adèle Varens）：塞琳・瓦姐女兒，塞琳・瓦姐堅稱
　　其為羅徹斯特小孩，為羅氏收養的法國小孩

愛麗絲・費爾法克斯（Alice Fairfax）：荊棘莊園傭人

白蘭琪・英格蘭姆（Blanche Ingram）：羅徹斯特表面上的婚配對象

理查・梅森（Richard Mason）：柏莎的弟弟

葛瑞絲・普爾（Grace Poole）：柏莎的傭人

辛君・愛・李佛斯（St. John Eyre Rivers）：幫助簡愛的牧師，簡愛的
　　表兄

黛安娜與瑪麗・李佛斯（Diana and Mary Rivers）：牧師的兩個妹妹

羅莎蒙・奧利佛（Rosamond Oliver）：對辛君懷有好感的對象

約翰・愛（John Eyre）：簡愛的叔父


## 陸、主題和重要子題

1. 小說極力彰顯女性自主與獨立之精神。
　　A. 簡愛自己刊登廣告，謀求家庭教師一職，並自行決定去留。
　　B. 簡愛對羅徹斯特的平等告白，呼籲兩性平等的愛情觀。
2. 小說中充滿與「愛」相關的主題探索與各異其趣的主題變奏，包

含：關愛、愛情與激情等面向。

A. 羅徹斯特逗弄簡愛的求婚記，隱含階級差異與兩性權力之不對等：然而，簡愛深情款款、大義凜然的靈魂平等告白，逕訴求超越世俗社會的平等與愛情。

B. 羅伍德學校的同學海倫體現虔誠的宗教之愛，其不幸殞落隱含宗教信仰所賦予的永生救贖。

C. 簡愛與羅徹斯特之間，雖互蒙情愫與愛意，卻須雙雙克服愛情障礙——羅徹斯特的法律障礙，與簡愛的階級障礙——方能昇華其兩性愛慾，修煉成人間愛情正果。

D. 舅媽違反對丈夫的承諾，未能讓孤女簡愛感受家人之關愛與溫暖。

E. 羅徹斯特與柏莎之間，純為兩方利益——女方財富與男方名銜而結合，毫無真愛可言。

F. 表兄辛君求婚簡愛，實為「美其名為主」的宗教之情，而非出於自然的兩性之愛。

3. 小說一面探討純粹宗教信仰與其救贖之道，另一方面更揭露偽善人士醜惡之嘴臉。

A. 同學海倫體現純粹宗教信仰與其救贖之道，而表兄辛君則體現宗教家傳播福音、犧牲奉獻之情懷。

B. 羅伍德學校校長布洛克赫斯特，則代表假藉宗教慈善之名，而聚斂財富之人；其對待孩童極盡苛刻之能事，卻總能振振有詞，引述聖經教條，咄咄逼人，尤為諷刺。

4. 小說人物渴望一個溫暖的家，一直尋找家人，更希望獲得家人之認同與諒解。

A. 簡愛於舅媽家未能感受家人關照之溫馨，僅能深刻體會寄人籬下之心酸，她含悲離開舅媽家，多年之後，反而意外踏上荒原

尋親之路。

B. 羅徹斯特缺乏家人與愛人之真心關愛，雖與柏莎成婚在先，復與法國情婦一番露水姻緣，卻始終無法滿足他尋找真愛與構築夢中家園之渴望。

## 柒、討論問題

1. 你覺得簡愛與羅徹斯特（包括個性和外在條件）哪裡相似、哪裡不同？

2. 簡愛雖身為女家教，第一次跟男主人羅徹斯特談話時，卻也言詞鋒利，絕不相讓。與羅徹斯特相戀時，她更主動表達自己的愛意。《簡愛》呈現出嶄新的女性形象，在現在看來或許不足為奇，但在當時社會卻掀起了軒然大波。請說明簡愛的女性形象如何被刻劃、如何突破女家教的身分限制，以及她可能帶給當時女性讀者什麼樣的啟發。

3. 請就文本中簡愛和男主角前妻的對比，分析兩位女性有什麼樣的人格特質。

4. 請就文本中簡愛孩童時期的經歷與反應，分析她的人格特質。請分享你一個印象深刻，並影響你到現在的童年經驗，此經驗反映出你什麼樣的性格？

## 捌、附錄：夏洛特·勃朗締年表

1816　出生於約克郡桑頓，是派垂克·勃朗締的第三位女兒。父親派垂克出生貧窮的愛爾蘭佃農之家，在衛理公會的援助下，以公費生資格，就讀劍橋大學聖約翰學院，大學畢業後，成為桑頓

的助理牧師，並迎娶瑪麗亞・布蘭威爾為妻。

1820　父親派垂克・勃朗締成為哈沃斯的教區牧師，並舉家搬遷哈沃斯長居。

1821　母親瑪麗亞・布蘭威爾・勃朗締死於癌症，其胞妹伊莉莎白・布蘭威爾遂搬遷哈沃斯，與勃朗締一家同住，以照料一窩失恃的孤雛。

1824　派垂克・勃朗締送伊莉莎白和瑪麗亞至韋克菲爾德上學，爾後，轉學至蘭開夏郡科萬橋的牧師之女學校。夏洛特和艾密莉隨後亦入學同校，這所牧師之女學校，正是《簡愛》中惡名昭彰的教會學校。伊莉莎白和瑪麗亞感染肺病後，雙雙返家，兩人皆死於肺癆。

1825-1831　夏洛特和艾蜜莉返回哈沃斯之家。出於自娛，她們創造虛構的安格里亞王國，兩姊妹用微乎其微的文字，於火柴盒大小的自製小書上，書寫虛構的想像故事。胞弟布蘭威爾（生於1817年），和最小的妹妹安妮（生於1820年），旋即加入夏洛特和艾蜜莉，一起編織浪漫的傳奇故事，這些傳奇故事陪伴勃朗締三姊妹，直到她們邁入成年之齡。這些作品可謂勃朗締姊妹寫作生涯的學徒之作；於此學徒階段，她們雕模小說人物與角色，設計戲劇性衝突，並形塑未來小說中的主題。

1831　夏洛特就讀於羅赫德的伍勒小姐學校，位於哈德斯菲爾德附近。成為瑪麗・泰勒和埃倫・努西的摯友。

1832　返家教導妹妹們。四個孩子一起學習、寫作和玩耍。

1835　重返羅赫德的伍勒小姐學校，擔任教師之職，為家人賺錢謀生，尤其是為想學習藝術的胞弟布蘭威爾。

1838　辭去職務，返回哈沃斯家。

1839　拒絕埃倫的弟弟亨利・努西牧師的求婚，也拒絕另一位年輕牧

師的求婚。

1842-1843　向阿姨伊莉莎白‧布蘭威爾借貸周轉，夏洛特和艾蜜莉
　　　　　負笈布魯塞爾，於赫杰寄宿學校學習法語和德語。未幾，阿姨
　　　　　（布蘭威爾小姐）過世，夏洛特和艾蜜莉雙雙趕回英國奔喪，
　　　　　阿姨留給每位侄女和侄子一小筆錢財。服喪之後，夏洛特獨自
　　　　　重返布魯塞爾，深感孤獨而沮喪。她對校長康斯坦丁‧赫杰依
　　　　　戀日深，赫杰激勵人心而精細的心靈，令夏洛特心儀不已。赫
　　　　　杰先生家庭美滿，與赫杰夫人感情融洽，生育六名子女，顯然
　　　　　無法接受夏洛特的感情。赫杰夫人心生嫉妒，衍生敵對態度，
　　　　　最終迫使夏洛特黯然揮別布魯塞爾。1844 嘗試在哈沃斯牧師
　　　　　公館，創立一所以語言為主、周邊才藝為輔的寄宿學校，但因
　　　　　胞弟布蘭威爾與雇主之妻爆發性醜聞，且學校位處偏僻荒原，
　　　　　未能招收任何學生。

1845　　布蘭威爾因與僱主之妻羅賓遜夫人發生性醜聞而遭解僱；他呆
　　　　　在家裡喝酒、吸毒，沉迷三年之久，最終死於「慢性支氣管炎
　　　　　和營養消瘦症」。

1846　　夏洛特、艾蜜莉和安妮自費出版了《庫勒、埃利斯和阿克頓‧
　　　　　貝爾詩集》，以基督教男性假名，避免讀者與評論家對女詩人
　　　　　之偏見。詩集僅僅售出兩冊。夏洛特的小說《教師》遭出版商
　　　　　拒絕出版。父親派垂克於曼徹斯特進行白內障手術，夏洛特於
　　　　　病榻旁，一邊照料老父，一邊撰寫與《教師》生面別開的小說
　　　　　——《簡愛》。

1847　　出版小說《簡愛》，以激情昂揚的語調、樸實如素的描寫，兼
　　　　　融浪漫主義的自然荒野，與誌異小說的驚悚、懸疑元素，刻劃
　　　　　敏感、聰明的孤女簡愛的一生。小說大賣，作者夏洛特可謂一
　　　　　夕成名。

1848　雙重悲劇：布蘭威爾和艾蜜莉死亡。安妮因艾蜜莉感染肺結核，夏洛特中斷一本新小說《雪莉》之撰寫，以照顧安妮。

1849　安妮死於肺癆。夏洛特完成小說《雪莉》，一部具有尖銳原女性主義精神、鮮明地方色彩的區域紀實小說。

1851　以出版商的客人身分，三次赴倫敦旅行；接受小說家薩克雷之邀，赴其宅邸與其家人、文友聚會；讓肖像畫家瑞奇蒙為其繪製肖像。前往湖區，蘇格蘭和曼徹斯特，訪問伊莉莎白·加斯凱爾，夏洛特未來的傳記作家。拒絕另一樁求婚，這次求婚者為詹姆斯·泰勒，乃夏洛特的出版社之一名成員。

1853　出版《維萊特》，一本以布魯塞爾為背景的小說。

1854　嫁給第四位追求者，亞瑟·貝爾·尼科爾斯，其父派垂克的助理牧師，尼科爾斯雖未全然分享妻子的知性趣味，卻讓她感到快樂與滿足。新婚夫妻在愛爾蘭度蜜月後，返回哈沃斯。夏洛特起草另一本小說《艾瑪》，惜未能成書。

1855　死於妊娠，埋骨哈沃斯牧師公館，葬於母親、弟弟和三位姐妹之側。哈沃斯牧師公館如今已成為文學朝聖之地，並為勃朗締博物館之官方館址。

1857　生前出版遭拒的小說《教師》於死後出版，此為另一部以布魯塞爾生命經歷為藍本的小說。

（繫年以 Lawrence et al. vol. 2. pp. 231-233 為主要依據，內容一並參考 Elizabeth Gaskell's *The Life of Charlotte Brontë*, and Juliet Barker's *The Brontës: Wild Genius on the Moors: The Story of a Literary Family*）

# 玖、附錄：《簡愛》年表

| 章節 | 年 | 一年中的時間 | 事件 |
|---|---|---|---|
| 29 | 1778 | | 漢娜開始為李佛斯一家工作 |
| 3 | 1788 | | 簡愛的父母死於傷寒 |
| 33 | 1788 | | 簡愛的父母結婚 |
| 2 | 1789 | | 簡愛的叔叔里德先生去世 |
| 33 | 1790 | | 簡愛的父母死亡——簡愛與辛君之說法，有兩年的差異 |
| 24 | 1793 | | 費爾法克斯夫人的丈夫去世 |
| 26 | 1793 | 10月20日 | 羅徹斯特（23歲）娶柏莎・安唐妮塔・梅森（28歲）為妻 |
| 27 | 1793到1797 | | 羅徹斯特與妻子居住於牙買加。在此期間，其父與兄長過世 |
| 5 | 1797 | | 海倫・柏恩斯成為洛伍德學校的學生 |
| 27 | 1797 | | 羅徹斯特（26歲）妻子發瘋，於法，他不能與妻子離婚，羅徹斯特此時當為27歲 |
| 27 | 1797到1798 | | 即使考量從牙買加到英國的航程，此亦為下落不明的一年 |
| 27 | 1798到1808 | | 柏莎・羅徹斯特安置於荊棘莊園三層樓的房間，羅徹斯特則遊歷歐陸 |
| 1 | 1798 | 11月中旬 | 簡愛（10歲）居住蓋茨海德府，和她的三位表親，伊莉莎（14多歲）、約翰（14歲）和喬治安娜（14歲），同受里德夫人（36-37歲）監護 |
| 4 | 1798 | 11月至1月 | 簡愛被排除在所有家庭活動之外 |
| 24 | 1798 | | 羅徹斯特旅行歐陸 |
| 4 | 1799 | 1月15日 | 簡愛會見了布洛克赫斯特先生，她未來的學校校長 |
| 5 | 1799 | 1月19日 | 簡愛離開蓋茨海德府，赴羅伍德寄宿學校就學 |
| 7 | 1799 | 1月至3月 | 在羅伍德的第一季度，簡愛先受指控為騙子，繼而清除罪名 |

| 9 | 1799 | 4月至5月 | 斑疹傷寒於羅伍德學校傳播 |
|---|---|---|---|
| 9 | 1799 | 6月 | 同學與好友海倫（14歲）死於肺癆 |
| 12 | 1799 | | 父親與兄長於1797年過世，羅徹斯特繼承荊棘莊園 |
| 10 | 1800 | | 為尋找簡愛下落，簡愛叔叔約翰自馬德拉拜訪蓋茨海德府 |
| 15 | 1800 | 6月 | 羅徹斯特與法國情婦塞琳‧瓦妲斷絕關係 |
| 15 | 1800 | 12月 | 阿黛兒‧瓦妲出生 |
| 16 | 1801或 1802 | | 費爾法克斯太太於聖誕舞會看見美麗的英格蘭姆小姐（18歲） |
| 10 | 1802 | | 貝西嫁給羅伯特‧萊文 |
| 10 | 1805 | | 簡愛成為羅伍德學校的教師 |
| 21 | 1805 | | 簡愛的叔叔，約翰‧愛，寫一封信給里德夫人，求見簡愛，並表達收養簡愛的願望 |
| 10 | 1806 | | 喬治安娜想和情人私奔，但可能為妹妹伊莉莎阻攔 |
| 21 | 1806 | 冬天 | 喬治安娜於倫敦度過一個燦爛的季節 |
| 10 | 1807 | | 譚普爾小姐嫁給納斯米斯牧師，離開羅伍德學校 |
| 11 | 1807 | 4月 | 阿黛兒‧瓦妲（7或8歲）與羅徹斯特與奶媽一起離開歐陸 |
| 10 | 1807 | 秋天 | 簡愛為謀新職，自行刊登廣告 |
| 11 | 1807 | 10月 | 簡愛離開羅伍德學校，前往洛頓 |
| 12 | 1807 | 10月至12月 | 簡愛於荊棘莊園，擔任阿黛兒之家庭教師 |
| 31 | 1807 | | 辛君深感迷惘，因為他不知道該選擇什麼職業 |
| 12/27 | 1808 | 1月 | 羅徹斯特剛從歐洲旅遊歸來，巧遇簡愛於通往海鎮的小道 |
| 13 | 1808 | | 羅徹斯特（38歲）聲稱他和簡愛的年齡差距為20歲 |
| 15 | 1808 | 3月 | 羅徹斯特的臥室著火 |
| 17 | 1808 | 3月底 | 羅徹斯特宣佈與一些貴客返回荊棘莊園 |

| 17 | 1808 | 3 月底 | 羅徹斯特與其貴客一起抵達荊棘莊園，費爾法克斯太太以為他們會一直待到復活節（兩到三周） |
| 18 | 1808 | 4 月 | 梅森（30-40 歲）拜訪羅徹斯特，探視其妹 |
| 20 | 1808 | 4 月 | 梅森被妹妹咬傷 |
| 21 | 1808 | 4 月 | 約翰・里德自殺 |
| 21 | 1808 | 5 月 1 日 | 簡愛回到蓋茨海德府，探望垂死的舅媽 |
| 21 | 1808 | 5 月 11 日 | 里德夫人承認：誤導簡愛叔叔相信她已死於羅伍德學校 |
| 21 | 1808 | 5 月 11 日晚上 | 里德舅媽去世（46-47 歲） |
| 22 | 1808 | 6 月 | 簡愛回到荊棘莊園 |
| 23 | 1808 | 仲夏 | 羅徹斯特向簡愛求婚 |
| 25 | 1808 | 7 月中旬 | 簡愛的婚禮面紗為一奇怪女人撕碎 |
| 27 | 1808 | 7 月中旬 | 婚禮取消隔天，簡愛毅然離開荊棘莊園 |
| 28 | 1808 | 7 月中旬後 2 天 | 簡愛乘坐馬車，前往惠特克羅斯 |
| 28 | 1808 | 7 月中旬後 4 天 | 簡愛巧抵荒野之家，聽見漢娜告訴黛安娜和瑪麗：李佛斯先生兩周前去世 |
| 29 | 1808 | 7 月中旬後 8 天 | 簡愛在生病三天後首次起床，漢娜告訴她，老李佛斯先生三周前過世，四天未明確交代 |
| 30 | 1808 | 8 月 | 簡愛、黛安娜和瑪麗之間，相互發展深厚友誼 |
| 30 | 1808 | 8 月 3 日 | 約翰叔叔捎來一封信，告訴李佛斯：他把財產留給了另一位家族親戚。戴安娜和瑪麗離家，以繼續各自的工作 |
| 31 | 1808 | 8 月 | 簡愛在莫頓創立學校 |
| 36 | 1808 | 9 月中旬 | 發瘋的羅徹斯特夫人縱火荊棘莊園，死於火場 |
| 32 | 1808 | 11 月 5 日 | 簡愛和辛君談論他對羅莎蒙的愛情 |
| 32 | 1808 | 11 月 5 日 | 辛君給簡愛帶來一書：甫出版的華特・史考特爵士《馬米翁：荒野的傳說》 |
| 33 | 1808 | 11 月 6 日 | 辛君告知簡愛她繼承的遺產 |
| 34 | 1808 | 12 月 | 簡愛關閉莫頓學校 |

| 34 | 1808 | 聖誕周 | 戴安娜和瑪麗抵家。她們從辛君處得知,羅莎蒙嫁給一位格蘭比先生 |
|---|---|---|---|
| 30 | 1809 | | 辛君計畫成為一名傳教士 |
| 34 | 1809 | 5月9日 | 辛君(29歲)希望簡愛嫁他為妻,認為她適合輔助他在印度執行傳教任務 |
| 35 | 1809 | 5月16日 | 簡愛聽見羅徹斯特遙遠的召喚,她隔天一早便動身離開荒野之家 |
| 36 | 1809 | 6月1日 | 簡愛聽見羅徹斯特召喚隔日,便動身前往荊棘莊園,兩周期間,未明確交代 |
| 36 | 1809 | 6月2日 | 簡愛到達惠特克羅斯,和旅館老闆交談 |
| 37 | 1809 | 6月4日 | 簡愛抵達荊棘莊園,宅府已然廢墟一片,旋即前往芬丁園,終與羅徹斯特團聚 |
| 37 | 1809 | 6月7日 | 簡愛嫁給羅徹斯特,有情人終成眷屬 |
| 34 | 1809 | 6月20日 | 辛君乘船遠赴印度傳教 |
| 38 | 1809 | 12月 | 辛君寫信予簡愛 |
| 38 | 1811 | | 羅徹斯特一隻眼睛恢復視力 |
| 9 | 1814 | | 海倫・柏恩斯的墳墓添加一塊墓碑 |
| 38 | 1819 | 6月 | 簡愛和羅徹斯特已結婚十年 |
| 38 | 1819 | 6月 | 辛君即將離世 |

(根據 Schönberger-Schleicher 117-120,稍微添補內容與文字)

# 引用／參考書目

伯朗特,夏洛蒂。《簡愛》。《雲臺書屋》,www.b111.net/novel/8/8195/index.html。

勃朗特,夏洛蒂。《簡愛》。宋兆霖譯。臺北:商周,2005。商周經典名著 24。

勃朗特,夏綠蒂。《簡愛》。陳錦慧譯。臺北:商周,2013。

劉亮雅。〈《簡愛》的女性意識面面觀〉。《簡愛》,夏綠蒂・勃朗特著,陳錦慧譯。臺北:商周,2013,頁 1-4。

Brontë, Charlotte. "Biographical Notice of Ellis and Acton Bell (1850)."

*Wuthering Heights*, by Emily Brontë, edited by William M. Sale Jr., Norton, 1972 (1850), pp. 3-8.

---. "Editor's Preface to the New Edition of *Wuthering Heights* (1850)." *Wuthering Heights*, by Emily Brontë, edited by William M. Sale Jr., Norton, 1972 (1850), pp. 9-12.

---. *Jane Eyre: An Authoritative Text, Contexts, Criticism.* 3rd ed., edited by Richard J. Dunn, Norton, 2001 (1971).

---. *The Letters of Charlotte Brontë.* Edited by Margaret Smith, Oxford, Clarendon, 2000 (1995). 3 vols.

---. *The Professor.* Edited by Margaret Smith and Herbert Rosengarten, Oxford, Oxford UP, 1987 (1857).

---. *Shirley.* Hertfordshire, Wordsworth, 1993 (1849).

---. *Villette.* Hertfordshire, Wordsworth, 1999 (1853). Print.

---, and Emily Brontë. *The Belgian Essays.* Edited and translated by Sue Lonoff, Yale UP, 1996.

---, and Emily Brontë. *Charlotte and Emily Brontë: The Complete Novels: Jane Eyre, Wuthering Heights, Shirley, Villette, The Professor.* Gramercy, 1981.

---, and Patrick Brontë. *The Poems of Charlotte Brontë and Patrick Branwell Brontë.* An edition specially printed in Great Britain for the Shakespeare Head Press, 1989.

Brontë, Emily. *The Poems of Emily Brontë.* Edited by Derek Roper and Edward Chitham, Oxford, Oxford UP, 1995.

---. *Wuthering Heights: An Authoritative Text with Essays in Criticism.* 2nd ed., edited by William M. Sale Jr., Norton, 1972 (1963).

---. *Wuthering Heights: An Authoritative Text, Backgrounds, Criticism.* 3rd ed., edited by William M. Sale Jr. and Richard J. Dunn, Norton, 1990 (1963).

"A Brontë Gallery." *The Victorian Web*, 2 Dec. 2017, www.victorianweb.org/authors/bronte/gallery/.

"*Jane Eyre.*" *The Brontë Parsonage Museum Website*, www.bronte.org.uk/the-brontes-and-haworth/jane-eyre.

Langland, Elizabeth. "Careers for Middle-Class Women." *The Brontës in Context*, edited by Marianne Thormählen, Cambridge UP, 2012, pp. 303-10.

Lonoff, Sue, editor and translator. *The Belgian Essays: Charlotte Brontë and Emily Brontë*, by Charlotte Brontë and Emily Brontë, Yale UP, 1996.

Smith, Margaret, editor. *The Letters of Charlotte Brontë*. By Charlotte Brontë, Oxford, Clarendon, 1995. 3 vols.

Teachman, Debra. *Understanding Jane Eyre: A Student Casebook to Issues, Sources and Historical Documents*. Greenwood P, 2001.

Wood, Butler, editor. *Charlotte Brontë, 1816-1916: A Centenary Memorial, Prepared by the Brontë Society, with a Foreword by Mrs. Humphry Ward and 3 Maps and 28 Illustrations*. Edited by Butler Wood, Dutton, 1918. Internet Archive, Contributed by University of California Libraries. Accessed 7 Dec. 2017.

Wu, Min-Hua. "Kristevan Herethics in Emily Brontë's *Wuthering Heights*." *Brontë Studies: The Journal of the Brontë Society*, vol. 44, no. 4, 2018, pp. 1-16.

---. "Interpellation on the Moors: The Literary Calling of Patrick and Charlotte Brontë." *Review of English and American Literature* 37 (Dec. 2020): forthcoming. Print.

# 延伸閱讀／視聽資料

Jane Eyre *1997 Full HD. YouTube*, uploaded by freelive, 27 Dec. 2015, www.youtube.com/watch?v=Mv0snnk0kio. (1:47:42)

Jane Eyre *2011: Jane & Rochester Kisses*. YouTube, uploaded by kanenballfan1, 04 Sept. 2011, www.youtube.com/watch?v=t1P5A0j4J1A. (6:12)

Jane Eyre, *Episode 11, Final (1983)*. YouTube, uploaded by January's Moon, www.youtube.com/watch?v=7D-gosrPLMA.

# 美國文學

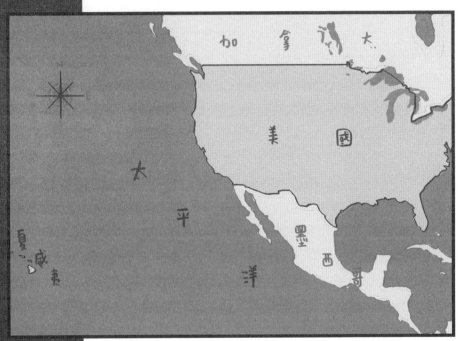

美國地圖

7

# 第七章
# 白人西進論下的衝浪運動：淺談傑克倫敦〈一項王者的運動〉

邱彥彬 [1]

## 壹、前言：偉哉卡那卡人？

　　1907 年四月，美國作家傑克倫敦（Jack London）親自駕駛一艘長十三公尺半的私家雙桅帆船「史那克」號（*Snark*），跟他的太太查米安（Charmian London）一起從舊金山啟航，展開長達兩年的南太平洋巡航之旅。在這一場海上壯遊中，「史那克」號途中停泊了夏威夷、馬克薩斯群島（Marquesas Islands）、大溪地（Tahiti）、波拉波拉島（Bora Bora）、斐濟（Fiji）、薩摩亞群島（Samoa Islands）、與所羅門群島（Solomon Islands）等地，期間的所見所聞，傑克倫敦和查米安兩人均留下了質量均佳的散文與航行日誌。〈一項王者的運動〉（"A Royal Sport"）便是其中一篇，記錄了傑克倫敦在夏威夷大島與衝浪的初次邂逅：原本在「海濱涼爽的樹蔭」下休息的作者（頁 78），當他見識到當地原住民站在衝浪板上，海裡來浪裡去的王者身影後，眼界大開之餘，也興起了有為者亦若是的念頭，下定決心「在迅猛的大

---

1　作者為國立政治大學英國語文學系副教授。

海還沒在我的腳踝上裝上翅膀，讓我也成為一個被太陽烤到脫皮的墨丘立（a sun-burned, skin-peeling Mercury）之前，史那克號絕對不會駛離檀香山」（頁 90）。〈一項王者的運動〉一寫就，傑克倫敦立即發電報給《女性居家伴侶》（*Women's Home Companion*），以〈一項王者的運動：南海衝浪〉（"A Royal Sport: Riding the South Sea Surf"）為題，在該雜誌 1907 年九月號上刊登，引發不錯的迴響。之後，傑克倫敦稍事擴大這篇散文的篇幅，拿掉原篇名的副標，收進 1911 年出版的《史那克巡航》（*The Cruise of the Snark*）第六章。

原本屬於夏威夷「卡那卡」人（Kanaka，亦泛指南太平洋諸島上的波里尼西亞人）傳統活動的衝浪，在傑克倫敦等人的引介下，逐漸脫離民俗文化的藩籬，走進白人的生活世界，成為全世界趨之若鶩的娛樂運動。溫契斯特（Simon Winchester）認為，在一戰前，衝浪在「跨越種族界線」上扮演的角色不容小覷（頁 131）。雖然只是無心插柳，〈一項王者的運動〉確實提高了衝浪的媒體聲量，為這項運動的普及起了些許推波助瀾的作用。但更值得注意的是，在「跨越種族界線」的工作上，傑克倫敦在文章中做了兩個破除種族主義迷思的實質動作。第一、他拉高禮讚的規格，以「王者」氣質來形容卡那卡人的傳統運動，有助於撕去「野蠻」、「懶惰」、「邪惡」等長久以來貼在有色人種身上的標籤，可說是作者掃除種族刻板印象的起手勢。第二、除了扭轉有色人種的負面形象之外，在文中他更是以散發王者風采的卡那卡人為標竿，立誓在變成「一個被太陽烤焦脫皮的墨丘立」之前決不罷休。在這裡，傑克倫敦顯然反轉了部分種族主義者懷抱的歷史使命，不是努力想把有色人種漂白，將他們文明水平提升至符合白人設定的標準值，而是反過來試圖將白人有色人種化，進一步翻轉「白人至上」論（white supremacy）的企圖溢於言表。

假如我們只是就文本來論文本，單純從文本的層次上來解讀傑克

倫敦在種族問題上的立場，以上的說法大致可以成立。但問題是，若是讀者只著重於文本「說出來」（said）的部分，並試圖從中推敲出文本的意義，恐怕會因為過度高估文字的表意功能，而忽略了當我們利用文字進行溝通時，潛藏在表意的層次之下那個「沒說出來」（unsaid）的部分。一句同樣的話，在不同的情境下，由不同的人說出來，都有可能因此傳達不同的意義或暗示。換句話說，文字的意義並不是文字本身就可以全權決定，各種外於文字的話語情境都是意義的變因，和文字一起參與了意義產生的過程。因為情境介入的關係，意義跳脫出文字本身的掌控，游離在文字之外，構成了文字「沒說出來」的層次。這正是文字的「歷史無意識」──文字只會意識到自我傳達的意義，對於話語情境等歷史變因所導致的各種意義上的變異、增補或偏航，文字本身一概無從得知也無能掌握。循此觀之，想要解鎖文字當中那個「沒說出來」的部分，回復意義本身該有的厚度，話語的歷史情境正是一個重要的線索。換句話說，任何只是建立在文本證據的基礎上所推演出來的文本解讀，都有可能冒上失之片面的風險。想理解傑克倫敦在〈一項王者的運動〉中所持的種族立場，探究文字話語之外的歷史變因是一件必要的工作，不能只是光從作者對卡那卡人的高度禮讚與認同，就簡單推論出這篇散文的反種族主義意涵。

## 貳、白人西進論

　　假如把〈一項王者的運動〉歷史化，我們會發現，傑克倫敦在1907年展開南太平洋之旅可能不只是一場單純的海上壯遊而已。「史那克」號從舊金山到所羅門群島的航線，跟美國在十九世紀末結束北美大陸的西部拓展後，持續往西挺進太平洋地區的行動之間，

存在著極為類似的動向。1893 年，美國駐夏威夷王國公使史蒂文斯
（John Leavitt Stevens），和欲併吞夏威夷的傳教士黨人（Missionary
Party）密謀，擅自罷黜了一直頑強抵抗白人殖民者的利留卡拉尼女
王（Queen Lili'uokalani），在檀香山成立臨時政府，夏威夷至此淪為
美國的保護國，1898 年更在美國國會的准許下遭到併吞。幾乎在同
時，美國的勢力也進展到東南亞的菲律賓，先是在美西戰爭中驅離
了前殖民者西班牙，更在 1901 年逮捕了人民反抗軍的領袖阿奎那多
（Emilio Aquinaldo），菲律賓正式成為美國的殖民地。當然，史那克
號的旅程只是一場異文化的獵奇之旅，就目的而言跟美國深入太平洋
的軍事行動大不相同。但值得注意的是，這兩者不僅發生的時間相
近，行進的方向也一模一樣：兩者都是在美國完成橫亘大陸的西進之
後，從美國西岸進入太平洋，持續往西前行的歷史事件。要解讀傑克
倫敦在夏威夷大島上與卡那卡人和衝浪的首次邂逅，把這篇散文置入
美國西進的框架底下思考是一個可行、也是必要的閱讀起點。

　　對十九、二十世紀之交的美國而言，持續西進究竟意味著什麼？
傑克倫敦的南太平洋巡航又與美國同時的軍事西進有什麼關係？關
於這一點，惠特曼（Walt Whitman）的西進提供了一條有用的思想線
索。1850 年，加利福尼亞共和國加入聯邦，美國的領土正式擴及西
岸，面對眼前急速展開的世界，惠特曼難掩亢奮之情，在 1860 年寫
下〈從加州海岸面向西方〉（"Facing West from California's Shores"）
這首躊躇滿志的短詩（1867 年收進《草葉集》）。詩一開頭，敘述者
置身在加州海邊，自稱是一個「小孩」，但「非常的老」：站在北美
大陸的最西邊，此刻他「面朝西方」，從「我的西海岸邊看出去」，
視線越過「重重的波浪」，「遠遠地」投向「母體之屋，遷徙之土」
（"the house of maternity, the land of migrations"），在眺望間，他感
覺「迴圈幾乎就要繞回原點」（"the circle almost circled"），心中不由

自主地興起持續「不懈」地「探詢」眼前風景的念頭，發出「找尋所有尚未發現之物」的宏願。當加利福尼亞變成美國的第 31 州後，詩人往西行進的衝動顯然沒有就此停止。如愛默生（Ralph Waldo Emerson）所示，面對眼前的廣袤風景，唯有持續往前探索才是邁向「全人」（Whole Man）的王道，惠特曼同樣也懷有繼續前進、橫亙太平洋的雄心壯志。不過，這裡吸引敘述者的目光往西遠眺的並不是「全人」的存有境界，而是那位在太平洋彼端、比西邊的加州更西邊的「母體之屋」，這也是他繞過大半個地球往北美大陸「遷徙」的「原點」。如今，就差那麼一步路，整個遷徙的「迴圈」就要完成，只需他從加州繼續往西前行，橫渡「重重波浪」的太平洋，奮力「不懈」地窮究「所有尚未發現之物」，他這位「非常老」的遷徙者，就可以結束長路漫漫的旅程，如願像「小孩」一般重回西方「母體」的懷抱。

　　惠特曼的西進想像並非詩人的浪漫狂想，而是與時興的亞利安人種族神話有關。不斷往西遷徙，在繞經一個迴圈後回歸起點，這正是公元一、二世紀之交，羅馬歷史學家塔西特斯（Publius Cornelius Tacitus）在《日耳曼尼亞誌》（Germania）中反覆述說的亞利安人生命史。根據塔西特斯的說法，亞利安人發源自現今伊朗北方、黑海與裡海之間的高加索山脈（因而有了 Iranian 與 Aryan 在字源上的親緣關係），之後往四方遷徙，進入亞非歐三洲，也開啟了亞利安人與遷徙地人種的混血過程。在往西進入歐洲的亞利安人身上，特別是進入南歐的這一支，血統遭到「汙染」的程度尤其嚴重。在這之間，唯獨後來持續往西挺進的一支，由於種種因素將他們與其他人種隔離開來，帶有純正血統的亞利安人才不至於後繼無人。日後的種族主義者延伸了塔西特斯的故事軸線，聲稱這支血統純正的亞利安人，先是進入了德國黑森林，繼而往西轉進英國成了盎格魯‧薩克遜人（Anglo-

Saxons），之後在十七世紀初期在宗教與經濟因素的驅使下，橫跨大西洋抵達北美東岸。在此神話的基礎上，許多美國人更是相信北美的亞利安人終將從大西洋再次出發，「飛越太平洋，抵達亞洲，披荊斬棘」，最終「到達最初亞利安祖先在高加索地區的家園」（布拉德利頁 19-24）。惠特曼所謂的「母體之屋、遷徙之地」，指的正是亞利安人在「高加索地區的家園」，是純正白人遷徙的起點，也是在「飛越太平洋」、歷經一個大「迴圈」後終得回歸的原鄉。

根據亞利安人的遷徙神話，這一支持續在西進的路上挺進的白人不只是踽踽獨行的游牧者而已。在朝西移動的過程中，血統純正的亞利安人更將他們最頂尖的文明，沿途往全世界的野蠻地域散播。惠特曼「面向西方」的前進論，在加利福尼亞併入聯邦之後沸沸揚揚展開的西部拓荒中得到了進一步的延續：西進論不僅是用來定義西部拓展的種族意識形態框架，在這過程中北美原住民所蒙受的種種暴力，也一律被詮釋為白人文明往蠻荒的大西部散播所必須付出的小小代價。

將這一套西進白人的文明擴散論闡釋的淋漓盡致的，莫過於以西部擴展為主題的畫作《美國前行》（*American Progress*, 1872）。《美國前行》出自在普魯士出生的畫家兼出版商蓋斯特（John Gast）的手筆。畫作完成之際，時序上美國剛剛進入「後加州」時代的「鍍金年代」（Gilded Age），西部拓展正如火如荼展開。畫中頭戴「帝國之星」御風而行的女神，以攻無不克的勝利者之姿由東往西持續推進，在女神的腳下同步隨之前行的有帶槍的拓荒者、屯墾者、大篷馬車、蒸汽火車等等，恣意馳騁在美國大西部的荒野上。面臨白人大軍壓境，聞風喪膽的北美原住民明顯無招架之力，紛紛棄守世居的傳統領域，連同成群的野牛和牲畜往西部倉皇竄逃。更值得注意的是，經過蓋斯特的視覺演繹，血淚斑斑的西部拓展史被譯寫成一部白人的英雄史詩，勾勒出文明必將戰勝野蠻的歷史進程。畫面上方的天色東邊明

西邊暗，對比分明，象徵文明和野蠻的對立，也預示了邪不勝正的必然結局：在白淨發亮的女神的引領下，東半部的天空彷若捲軸一般，明淨的雲彩將逐次往晦暗的西方展開，一步步掃清吹散重重堆積在西方天空的陰霾。在這樣的脈絡下，將原住民從他們的傳統領域上驅離，粗暴的掠奪與征服自然不是問題，因為光明必將穿透黑暗、文明必然擊潰野蠻，這樣的歷史進程才是整個西進行動的核心意義所在。照西進論的邏輯，美國人往西部拓展，純粹是為了完成亞利安人的先祖們交付下來的文明使命。換句話說，西進是「白人的負擔」，是「昭彰天命」（Manifest Destiny）的見證，不能與貪婪的帝國行徑混為一談。

　　蓋斯特畫中那位御風飄行的女神便是這類文明使者的視覺賦形（figuration），代表了北美大陸上的亞利安人，在 1840、1850 年代美國陸續將德州、加州與奧瑞岡州納入版圖後，再次踏上西進的征途，一肩挑起「白人的負擔」跨過阿帕拉契山，在「昭彰天命」的護佑下一步一步打通連結大西洋與太平洋的路徑，作為將文明的光芒往黑暗的大西部輸送的甬道。既然文明散播才是西部拓展的終極目的，無怪乎《美國前進》中的女神一路風行草偃，憑藉的不單單是武力，啟蒙運動以降代表西方現代文明的兩大支柱——知識與科技——才是白人致勝的主要利器：女神的右手捧著一本教科書，手肘上懸吊著一捆電報纜線，一面西行，一面透過像轉軸一般的左手將纜線一路牽引至野蠻的西方，與畫中 1869 年甫完工的第一條美國橫貫鐵路相呼應，不僅是為了便利西進而架設的基礎建設，也代表了穿透黑暗之心的科技文明之光。雖然畫中有出現持槍的拓荒者身影，但對比於身形巨大的女神，蓋斯特對拓荒者的處理顯露出刻意的低調。再者，畫中幾位抱頭鼠竄的原住民，邊逃難、邊回望警戒的對象並不是拓荒者，而是女神——特別是那位手持弓箭的原住民，彷彿是抵擋不了文明強光的襲

壓一般，滿臉懼怖，身體歪斜，意味著真正讓原住民感到驚駭莫名的
並非殖民者的武力，而是白人的文明力量。

　　從加州納入美國版圖到西部大拓荒，十九世紀下半葉美國成功的
西進行動可說是接二連三，高潮不斷，與之相互唱和的白人至上論更
是甚囂塵上，儼然成為鼓動美國繼續往太平洋挺進的動力之一。跟前
幾波西進一樣，十九世紀末美國在太平洋地區的軍事擴張，在「昭彰
天命」的無上律令之下，很快就被視為是一場為了完成亞利安人的種
族使命而採取的文明行動。在美國拿下夏威夷與菲律賓後，距離惠特
曼在〈從加州海岸面向西方〉中心心念念的亞利安母體，白人可說
又更靠近了一步。曾任美軍駐菲律賓的第三任總督亞瑟・麥克阿瑟
（Arthur MacArthur）曾說，美國出兵菲律賓，其實是為了要完成數千
年來亞利安人不斷西行的使命，跟之前藉著亞利安人的西進將文明散
佈到歐洲與美洲一樣，這次更要從美國西岸橫跨太平洋，將西方的文
明透過美菲戰爭往西傳入亞洲，為統一種族與人類親善的願景盡一份
棉薄之力（Graff 頁 136）。

　　所謂的統一種族，理論上可以有效地把全球的有色人種亞利安
化，屆時全人類將統合在白人至上的大旗下，達成全球人種的均質
化。種族主義者相信，沒意外的話，在亞利安人回歸「母體」之日，
也是「人類親善」的遠景實現之時。從十九世紀中葉以來，這樣的西
進論一直是美國白人社會中的主流論述。從這個角度來看，一個合
理的提問是：傑克倫敦在 1907 年展開的南太平洋巡航，是否也可以
算是十九世紀中葉以來白人西進熱潮當中的一波？史那克號的首航，
是否也同樣可以放置在白人至上論的脈絡下，被視為是一場為了廣佈
西方文明、教化太平洋各地的波西尼亞人而展開的海上壯遊？如前所
述，表面看來，傑克倫敦給出的答案是否定的：在身懷衝浪絕技的
卡那卡人面前，作者相當謙卑，不但沒有搬出白人至上的旗號，反

而是想追隨原住民的腳步，離開樹蔭，「脫掉」身上「綁手綁腳的衣物」，「跳下去和大海搏鬥」一番（頁 78），直到自己在炎熱的太陽下脫去一層皮，褪下白人的膚色為止。我們嘗試將白人的西進論作為解讀這篇散文的參考架構，主要的目的在於提醒讀者不要對作者「說出來」的部分照單全收，以為只要白人認同有色人種就是對種族主義的挑戰，但當然也不是打算完全無視作者的文字表述，硬是將史那克號的巡航，不分青紅皂白就跟美國併吞夏威夷和菲律賓的軍事行動等同視之。將話語的歷史情境納入考量，主要是想以西進論為方法，用重新校正過的視角，反過來推敲傑克倫敦的文字敘述，看看在看似挑戰種族主義的論述裡頭，是否有「說不出來」的部分，暗地指向或許連作者也不自覺的白人至上心態。

## 參、〈一項王者的運動〉與單一起源論

要掌握白人西進論的思想核心，並藉此理解傑克倫敦的卡那卡人認同，西進論者念茲在茲的文明教化是一個破口。雖然在〈一項王者的運動〉中，傑克倫敦看似完全擺脫「白人負擔論」的束縛，敞開心胸歡喜迎接卡那卡人傳統文化的洗禮，然而，假如我們要更為精確地評估作者對卡那卡人認同有多「正向」，究竟是誰教化誰、誰該向誰學習是次要的問題。畢竟，主張有色人種必須接受白人的教化只是西進論表面上的宣稱，要探究「白人負擔論」背後的理論假設，我們必須把思考再往前推一步：假如西進論者相信，有色人種唯有在白人文明的啟迪下才能脫離野蠻狀態，這無異是承認未開化的有色人種都是「可教化」的。何以有色人種都是「可教化的」？對於這個問題的回應構成了西進論的理論基石，至於要教化誰、又該如何教化只是後續衍生出來的技術性問題而已。

　　主張有色人種是「可教化的」，其理論源頭可追溯回十四世紀左右的氣候理論。在當時，氣候理論與詛咒論相持不下，為有色人種的起源提出了兩個完全相左的認定。在氣候變遷論者這一邊，他們相信有色人種的出現跟原居地的炎熱氣候有關，一旦可以移居到較為涼爽舒適的地區，黑人的膚色會變淡、甚至變白。相反地，詛咒論者則強烈主張有色人種的膚色乃先祖受到詛咒所致，跟氣候無關，移居並無助於種族質性與地位的提升。照伊布拉・肯迪（Ibram X. Kendi）的說法，針鋒相對的氣候論與詛咒論，日後逐漸與「單一起源論」（monogenesis）和「多重起源論」（polygenesis）結合，前者主張人類源自同一祖先，只要有適當的環境條件，有色人種被白人同化不是不可能的事，而後者則是堅持詛咒論的推論，認定有色人種乃非我族類，完全不可能為白人所教化，只能以隔離的方式來處置（頁34-37，71-72）。

　　西進論者主張高加索地區是人類共同的原生地，四海本一家，血統比較純正的亞利安人自然必須一肩挑起教化其他「有色兄弟」的重責大任，其說法顯然與主張單一起源的同化論系出同門。相較於堅持「不可教化」的多重起源論，西進論不再以血統的本質論為基砥，強調種族間有條不可跨越的楚河漢界，反倒是將有色人種定位為可教化、可隨著外在環境的改變而進化的人類。雖然單一起源論跟多重起源論都帶有種族主義的基調，都是在白人至上論的大旗下，將有色人種歸類為次等人。但不可否認，相較於多重起源論，主張「大家都是人，有色人種也可以被教化」的西進論，還是朝向「跨越種族界線」與「人類親善」的境界邁進了一步，不可不謂是種族主義話語的一次進化。從這個角度來看，同樣是種族歧視，但西進論者卻與多重起源論者有著完全不同的說法和作法：《美國前行》已經明白顯示，用「驅除韃虜」的勇武心態來隔離、甚至殲滅有色人種從來就不是西進

論者的選項（或至少是可做但不能說），以「四海之內皆兄弟」的共和心態來教化次等人類才是正途。

綜上所述，我們不禁懷疑，傑克倫敦是否也是這樣的白人西進論者？他對卡那卡人的「正向」認同，是否只是在「四海之內皆兄弟」的單一起源基礎上發展出來的一種情感變異？在這一點上，我們可以先來看看金恩（James King）在 1779 年對卡那卡人衝浪運動的描述。這是一則咸認西方最早有關衝浪的文字記錄，與〈一項王者的運動〉形成很有意思的對照。金恩以略帶貶抑的語氣如此描述夏威夷的衝浪活動：

> 從這類的運動可看出，這些人（即卡那卡人）可說是水陸兩棲（amphibious）……這類的休閒（diversion）僅僅被當成一種娛樂（amusement），跟技術的鍛鍊（trial of skills）無關。在我看來，他們乘著起伏不大的波浪出航一定挺愜意的，至少他們看起來很享受這項運動帶來的律動。（引自 Ragnall 頁 84）

金恩把夏威夷的原住民視為兩棲類動物，明顯是以多重起源論的假說來定位卡那卡人的種族起源。與白人分屬不同物種的卡那卡人，他們對「運動」的認知也與白人迥異：在白人的觀念裡，運動不是拿來打發時間用的，通常還關乎「技術的鍛鍊」，因此帶有一定的生產性（狩獵即為一例），而卡那卡人則是把衝浪當成消磨時間的「休閒」娛樂而已。

金恩把不同物種的生活模式用二元對立的方式來處理，這是多重起源論者常用的論述套路。相較之下，在傑克倫敦眼中，乘風破浪在海上自在穿梭滑行的卡那卡人，其陽剛威猛的身影就證明了他們與白人無異：「他是卡那卡——還不只如此，他是人，王者物種的成員之

一，物與禽獸的主宰，君臨於所有的受造物之上」（頁78）。在〈一項王者的運動〉一開頭，傑克倫敦直截了當用單一起源論來為卡那卡人進行物種定位。接著，作者更把卡那卡人比附為中世紀傳說中的崔斯坦（Tristram）。比起在生命的尾聲進行最後一次洄泳的崔斯坦，站在衝浪板上的卡那卡人甚至更勝一籌：「我坐著，想起崔斯坦在那個致命的清晨和大海進行最後一次搏鬥；浮想聯翩，甚至覺得卡那卡人完成了崔斯坦從未完成的事，見識過崔斯坦從未見識過的喜悅」（頁78）。雖然同樣提到衝浪帶給卡那卡人的「愉悅」感，跟金恩的暗示不一樣的是，傑克倫敦在這裡並沒有把衝浪運動貶抑為不事生產的休閒娛樂，而是把「喜悅」視為一種即便高貴如崔斯坦的亞利安人也無法達致的情感境界：卡那卡人不僅跟白人一樣都是人，在某些情況下，他們甚至比亞利安人更形高貴。傑克倫敦在這裡表現的，可能不只是一種歌詠「高貴野蠻人」的浪漫主義情懷而已。照作者以單一起源論為軸線的行文脈絡，比崔斯坦更像亞利安人，意味著卡那卡人並不像多重起源論者所設想的那樣，只是在物種屬性上萬年冥頑不變的非我族類，而是當有特定的條件配合——譬如說移居溫帶、受到白人的文明教化，或是站在衝浪板上等等——就可以改變自身次等的種族特性，往更高貴的層次揚升的非本質化存在。

因此，在單一起源論的脈絡下，有色人種搖身一變成為白人的學習典範，這樣的轉折並非不可能。反過來說也一樣：假如有白人口口聲聲以有色人種為師，這也不代表他不是一個種族主義者。在〈一項王者的運動〉中，傑克倫敦向卡那卡人致敬，究竟是出自真心的崇拜，絲毫不帶種族主義的偏見，還是僅僅是單一起源論者獻給有色人種的一闋頌歌？我想後者比較接近正解。假如傑克倫敦真的不帶任何西進論者的種族偏見，對卡那卡人駕馭大浪的技術真的心嚮往之，真的非得把自己變成「一個被太陽烤到脫皮的墨丘立」不可，這時他要

做的應該不只是「脫掉」身上「綁手綁腳的衣物」而已。真要卸下白人的種族認同，把自己化身為卡那卡人，傑克倫敦理應首先揚棄白人至上論者慣有的自戀情結，完全敞開自我，像一塊素淨的白板一樣盡情接受卡那卡文化的銘刻才是。但事實剛好相反，當傑克倫敦決定走出樹蔭投身大海，他如此激勵自己：「用你天生的技術與力量給兩邊的腳踝裝上翅膀」（wing your heels with the skill and power that reside in you）（頁 78）。「天生」一詞是重點。對一個白人初學者來講，真正嫻熟衝浪的「技術」、具備衝浪所需的「力量」的應該是非卡那卡人莫屬。但傑克倫敦卻不做此想。「天生」的說法，表示傑克倫敦相信自己與生俱來就具備了駕馭浪頭的潛力，只不過是還沒充分開發而已。

　　懷著強勢種族獨有的自信，無怪乎在傑克倫敦還沒「拋棄涼爽的樹蔭，穿上泳衣，扛起衝浪板」之前（頁 83），不是先向卡那卡人討教衝浪技巧，反而先用了數頁的篇幅，不厭其煩地為讀者介紹海浪跟衝浪的「物理原理」（physics）（頁 78-82）：「想像一下海水相互牽引的波動湧向岸邊。當水深變淺時，海浪的下半截首先撞擊陸地停了下來。然而水是流動的，海浪的上半截並沒有碰到任何東西，因此繼續傳導它的湧動，持續往前奔馳。當浪的頂部持續往前走，底部卻沒跟上時，浪（surfs）就產生了」（頁 78-79）。這一段長達五頁的插曲十分突兀，不管就風格或語氣而言，與文章開頭歌詠卡那卡人的那幾個頌歌段落完全不搭嘎。這天外飛來的一筆，讀來讓人不免懷疑，作者是否是想透過這一大段突然插入的科學知識，藉以平衡前頭對卡那卡人的浪漫禮讚，踩一下煞車，提醒讀者有色人種的原始文化美則美矣，但也不必太過耽溺其中，低估了白人自己「天生就有的技術與力量」？先不管作者的用意，將頌歌般的禮讚和教科書式的物理原理簡介並置，就閱讀效果而言，事實上是以一種「沒說出來」的筆法，

提醒讀者注意一個重要的事實：卡那卡人在衝浪板上的英姿的確令人心響往之，想盡快學會這項「王者的運動」，近身觀摩卡那卡人如何駕馭衝浪板當然有其必要（頁82），但在此之前，理解海浪跟衝浪的「物理原理」更是重中之重。不管在實際下海後用不上用得上，傑克倫敦憑著直覺，認為想學會衝浪，一定得先具備基本的物理學知識才能打穩基礎。「每當被知識挑戰，我總是保持謙卑」（頁83），傑克倫敦對知識的敬重溢於言表。之前他所謂的「天生就有的技術與力量」，部分指的正是這套白人發明的物理知識。

## 肆、跨種族認同與白人的種族焦慮

綜上所述，我們可以說傑克倫敦對於衝浪運動的敘述，基本上是沿著單一起源論的軸線展開，一方面對卡那卡人持兄弟「親善」的態度，相信同樣為人的有色人種自有其改變自身種族特性的潛力，但另一方面又不願完全敞開自我接受卡那卡傳統文化的澆溉，依然還是站穩白人本位的立場，直覺認定科學文明才是學會衝浪的基礎。從這個角度來看，傑克倫敦的南太平洋巡航，基本上還是在白人西進論的脈絡下進行。然而，我們還是不能忽略它與西進論話語一個明顯的扞格之處：雖然傑克倫敦相信卡那卡人是「可教化的」，甚至認為他們的可塑性讓他們可以青出於藍而勝於藍，但通篇看下來，作者並沒有像《美國前行》中的女神一樣，直接將卡那卡人歸類為被黑暗籠罩的次等人種，他夸夸而談浪的物理原理，也不是用來幫他們脫離野蠻的文明利器。

在這一點上，我們可以再來推敲一下傑克倫敦的一句話。在傑克倫敦決定走出樹蔭投身大海時，他激勵自己：「坐在海灘陰涼的樹蔭下挺不賴的，但你是一個人，王者物種的一份子，卡那卡人可以做

的，你自己也做得到」（what that Kanaka can do, you can do yourself）（頁78）。就文字上「說出來」的部分而言，這句話表面上是以卡那卡人為榜樣，鞭策自己務必要想辦法迎頭趕上。然而，從上述的脈絡來看，「你自己也做得到」這句話，與其說是自我砥礪，不如說是自立自強的宣示，表現出白人對「天生的技術與力量」的高度自信，種族主義的意味相當明顯。除此之外，更重要的是，假如把「凡事自己來，不需假手他人」的論調放入種族主義的語境做進一步檢視，我們會發現這類自立自強的呼籲，其實是十八世紀以來美國常見的種族主義話語套路。十八世紀中葉，富蘭克林（Benjamin Franklin）就曾經對加勒比海的黑奴制度提出批評。他反對奴隸制度道理很簡單，倒不是基於人道的理由，更不是要挑戰種族主義，而是擔心倘若一切的體力活都丟給黑奴來做，白人的體質只會變得越來越孱弱，更嚴重的是，長期安逸的日子也會讓白人養成好吃懶做的習性（Isenberg 頁68）。長此以往，白人不僅在種族性格上會越來越趨近生性懶惰、厭惡勞動的黑人，最後還有可能造成物種位階的翻轉，讓黑人在不斷的強制勞動中改變自己的種族天性，最終取代原本專屬於白人的優勢地位。我們可以合理挪用傑克倫敦的措辭來總結富蘭克林的想法：為了防止在體質與心理上出現種族的退化，力保自己在人類種族間的強勢地位，白人必須痛定思痛、自立自強，不能事事都靠黑奴，「黑奴可以做的，白人也做得到」。

同樣的邏輯，所謂「卡那卡人可以做的，你自己也做得到」，說穿了只是一種族歧視的隱性修辭：不是直截了當地在所有有色人種身上狂貼各類歧視性的種族標籤，藉以凸顯亞利安人高人一等的物種位階，而是反過來，以高度自省的態度來檢討自己的不足，告訴自己要是再不走出涼爽的樹蔭，還是一如既往貪圖享受、好逸惡勞的話，在衝浪板上一副「君臨天下」模樣的卡那卡人，遲早有一天就會淘汰掉

日益孱弱、失去戰鬥力的白人。換句話說，「卡那卡人可以做的，你自己也做得到」一番話，與其說是以卡那卡人為學習的標竿，不如說是出自白人對身陷種族危機的高度自覺。指著有色人種的鼻子斥之為次等物種，這跟多元起源論者的話語一樣，屬於赤裸裸的種族歧視。相較之下，傑克倫敦的文章少了直白的歧視性話語，多了幾分對於自己的反躬自省，看起來似乎「文明」許多，但事實上作者只是用了指桑罵槐的話術，表面上對自身的好逸惡勞多所警惕，實際上則是拐了個彎，隱晦地透露出對於有色人種就快爬到頭上來的無限擔憂。雖然傑克倫敦並沒有像當時的西進論者一樣鼓吹文明擴張，但在〈一項王者的運動〉裡，有色人種還是被視為是不准凌駕於白人之上的次等人種，白人至上論的心態絲毫沒有改變。

　　跟當時的西進論者一樣，傑克倫敦是單一起源論的信徒。一方面他相信有色人種也是人類的一員，因此具有相當的「可教化」性，一方面他也堅持白人文明無可取代的優越性。但跟西進論者不同的是，他並沒有利用有色人種的可塑性，試圖藉由西方文明的強勢引入，將他們打造成符合白人標準的人類，反而是砥礪自己必須走出樹蔭，讓自己變得跟卡那卡人一樣強悍。之所以會有如此微妙的差異，主要的原因在單一起源論者主張的人種可塑性，反倒誘發了傑克倫敦的種族焦慮。當他親眼見識到卡那卡人在衝浪板上的威猛英姿，欽羨佩服之餘，也不由自主地萌生「彼將取而代之」的憂慮。在西方科學的基礎上盡快學會衝浪於是成了克服種族焦慮的不二法門。事實上，不管是鼓吹軍事與文化擴張，還是「有為者亦若是」的自我砥礪，基本上通通都是在白人至上論的大原則下，衍生出來的兩種鞏固種族秩序的方法，分別屬於美國十九世紀中葉以降白人西進論的兩種話語典型。無怪乎傑克倫敦會說，在他「成為一個被太陽烤到脫皮的墨丘立之前，史那克號絕對不會駛離檀香山」，主要意在提醒當時一股腦投身西進

熱的白人同胞：如果西進是亞利安人的種族使命，作為推動歷史的主體，在面對西進進程中不斷遭遇的有色人種時，白人必須時時反躬自省，既有的種族優勢地位也必須鞏固再鞏固，否則將會失去持續往前西進的動力，如此一來回歸「母體」之日也會更加遙遙無期。

作為向白人世界引介衝浪運動的推手之一，傑克倫敦是否也是「跨越種族界線」的倡議者呢？綜上所述，答案自然是否定的。單一起源論的話語框架，讓傑克倫敦得以對卡那卡人產生愛與認同，但同時也讓這份本來可以充當跨種族橋樑的情感，夾雜了濃濃的種族焦慮。在種族主義的脈絡下發展出來的跨種族之愛本來就難得純粹。傑克倫敦以身試行，在〈一項王者的運動〉中呈現得淋漓盡致的衝浪狂熱，便是糾結了跨種族認同與白人種族焦慮的微妙情感。本文之所以強調文學話語的歷史語境，便是想藉助單一起源論與白人西進論，引領我們潛入文本的隱晦之處，將湮歿在跨種族認同中而「沒說出來」的微妙情感彰顯出來。

## 伍、結語：歷史之必要

走筆至此，唯一待解的問題是：在白人與有色人種間，純粹的愛與認同究竟如何才得以成為可能呢？把〈一項王者的運動〉當成反面教材，然後反其道而行，或許是一個可嘗試的起點。試想：假如在傑克倫敦「脫掉」身上「綁手綁腳的衣物」後，不是拎起衝浪板走向大海，而是停下來，重新從歷史的向度，思考為何衣物會被自己形容為「綁手綁腳」，最後他走上的或許就不是重拾白人尊嚴的種族主義道路。早在美國併吞夏威夷之前，美國首批喀爾文教派（Calvinist）的傳教士在 1820 年代就來到了島上，目的不外乎是希望把白人的基督教文明傳入這片蠻荒之地。據溫契斯特的說法，當時其中一名牧師賓

漢（Hiram Bingham）在親眼目睹幾乎全裸的衝浪者時，難掩心中厭惡鄙夷之情，惡狠狠地問道：「『他們是人類嗎？那些七嘴八舌、幾近全裸的野蠻人面目猙獰，看起來貧窮、落後、粗魯』」（頁130）。把衣不蔽體跟野蠻貧窮隨意劃上等號，諸如此類的話語是單一起源論者與白人西進論者的典型反應，在基督新教得勢後，也給島上的衝浪運動帶來窒息性的傷害。傑克倫敦說自己身上的衣物「綁手綁腳」，那種不拘小節的豪情其實已經讓他的思想瀕臨白人至上論的破口，看起來像是已經擺好對戰的架勢，一副準備對長年以來宗教加諸在卡那卡人身上的種族偏見來個迎頭痛擊的模樣。可惜的是，來到擂臺邊上的傑克倫敦卻突然止步，不僅沒有繼續往下探查「綁手綁腳」一詞的歷史縱深，反而是在他拎起衝浪板投身大海之前，開始連篇累牘地講述起海浪的物理學，等於是又重新回到西進論者的舊河道，明顯錯失了反省白人至上論的契機。可以說，在白人西進論沸沸揚揚之際，真想要在異種族間實現純粹的愛與認同，首先回過頭來看看衝浪運動究竟走過了哪些蜿蜒曲折的歷史道路，遠比把自己變成「被太陽烤到脫皮的墨丘立」來得重要。不把裝滿白人至上論的腦袋整個掏空，再多把自己化身為卡那卡人的企圖與動作也是枉然。

## 陸、討論問題

1. 透過這篇紀實散文，傑克倫敦為卡那卡人的衝浪運動獻上極高的禮讚。請問傑克倫敦對於衝浪運動的熱情，是一種對於野性呼喚的正面回應，還是種族主義意識形態的情感外顯？

2. 所有的文學文本，不論其創作年代、流派或文類歸屬，都可視為是社會的構造物，都必須將之置入歷史脈絡中才能得出更為精確、深刻的詮釋。假如我們將傑克倫敦的這篇散文定錨在「白人

西進」的脈絡下來閱讀，我們可以讀出哪些文本「沒有說出」的
部分？

3. 為了激勵自己非得學會衝浪不可，傑克倫敦如此自我期許：「卡那
卡人可以做的，你自己也做得到」？從「白人至上論」的角度觀
之，我們該如何理解傑克倫敦的自我砥礪。

4. 如何批判、進而擺脫白人至上的種族主義意識形態是一項十分艱
難的思想工作。在這一點上，傑克倫敦的這篇散文給了我們哪些
啟示？

## 引用書目

伊布拉・肯迪（Ibram X. Kendi）。《生而被標籤：美國種族歧視思想的歷
史淵源》（*Stamped from the Beginning: The Definitive History of Racist
Ideas in America*）。張玉芬、張毓如、陳義人譯。臺北：馬可字羅文
化，2019。

詹姆斯・布拉德利（James Bradley）。《1905帝國巡航：美國塑造亞太
格局的伏筆》（*The Imperial Cruise: A Secret History of Empire and
War*）。劉建波譯。北京：北京聯合出版公司，2016。

賽門・溫契斯特（Simon Winchester）。《不平靜的太平洋》（*Pacific:
Silicon Chips and Surfboards, Coral Reefs and Atom Bombs, Brutal
Dictators, Fading Empires, and the Coming Collisions of the World's
Superpowers*）。譚家瑜譯。臺北：聯經，2017。

Isenberg, Nancy. *White Trash: The 400-Year Untold History of Class in
America.* New York: Penguin, 2016.

London, Jack. *The Cruise of the Snark.* New York: The Macmillan Company,
1911.

Ragnall, Steve. *Better Conceiv'd Than Describ'd: The Life and Times of
Captain James King (1750-84), Captain Cook's Friend and Colleague.*
Leicester: Troubador Publishing, 2013.

Whitman, *Walt. Leaves of Grass*. Oxford: Oxford UP, 2005.

# 延伸閱讀

托瑪斯・索威爾（Thomas Sowell）。《美國種族簡史》。沈宗美譯。北京：中信出版社，2015。

埃里克・方納（Eric Foner）。《烈火中的考驗：亞伯拉罕・林肯與美國奴隸制》。北京：商務印書館，2017。

張純如（Iris Chang）。《美國華人史》。陳榮彬譯。新北：遠足文化，2018。

傑克・倫敦。《深淵居民》。陳榮彬譯。臺北：群星文化，2015。

威廉・弗萊姆（William Frame）與蘿拉・沃克（Laura Walker）。《庫克船長與太平洋：第一位測繪太平洋的航海家，1768-1780》。黃煜文譯。新北：左岸文化，2019。

塔納哈希・科茨（Ta-Nehisi Coates）。《美國夢的悲劇：為何我們的進步運動總是遭到反撲？》。閻紀宇譯。新北：衛城，2019。

邁克爾・克拉曼（Michael J. Klarman）。《平等之路：美國走向種族平等的曲折歷程》。石雨晴譯。北京：中信出版社，2019。

# 土耳其文學

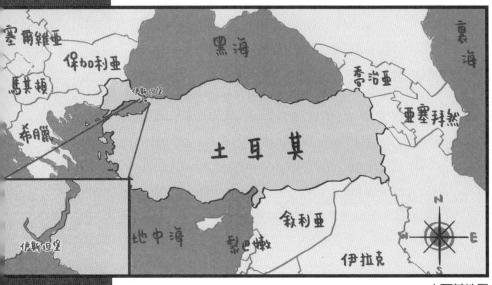

土耳其地圖

# 第八章
# 東西交會下土耳其的歷史難題：
# 〈私生子〉與〈祕密〉

李珮玲 [1]

## 壹、歷史

如果要探究土耳其人的歷史就必須追溯到中亞，或被稱作突厥斯坦（Türkistan）的地區，也就是《周書》、《隋書》、《舊唐書》與《新唐書》中提到的「突厥」（Türk）人生活的區域。以部族或部落聯盟的型態廣布於漠北高原到裡海之間的古代突厥人，於六世紀中葉曾建立突厥汗國（Türk Kağanlığı 或 Göktürk Kağanlığı）。古代突厥人的文化風貌，在八世紀逐漸信奉伊斯蘭以後於阿拉伯文化和波斯文化交互影響下有很大的改變。

而現今世界舞臺上的土耳其共和國建立於 1923 年，其前身為鄂圖曼土耳其帝國（1299-1923）。鄂圖曼土耳其帝國從一個位於小亞細亞西北方的小侯國發跡，逐漸壯大發展至十五世紀中葉征服伊斯坦堡、消滅東羅馬帝國以後蛻變成一個大帝國，其後的一百多年持續擴張領土，於十六世紀末成為跨歐亞非三洲的國家並達到其巔峰。十七

---

1　作者為國立政治大學土耳其語文學系副教授。

世紀以後帝國國勢發展進入停頓期，相對於歐洲發生了文藝復興與宗教改革，墨守成規的帝國逐漸居於下風，慢慢地步向衰落的過程，直至 20 世紀初面臨瓦解的命運。

我們將要研讀土耳其作家約美爾・塞菲汀（Ömer Seyfettin, 1884-1920）的這兩則短篇小說〈私生子〉（Piç）與〈祕密〉（Gizli Mabet）分別發表於 1913 與 1919 年（Ömer Seyfettin 頁 43、47），作品實際描寫的時代也是二十世紀初；不僅現代土耳其之所以會是現在這個面貌，與其十九世紀末到二十世紀初的歷史發展密切相關，這個時期對整體人類歷史來說也是個巨變的時代。二十世紀初的鄂圖曼土耳其帝國在一連串如克里米亞戰爭（1853-1856）、土俄戰爭（1877-1878）、義土戰爭（1911-1912）、巴爾幹戰爭（1912-1913）、第一次世界大戰（1914-1918）等戰事中慘遭挫敗，被迫與列強接二連三地簽訂喪權辱國的條約，領土也逐一被列強瓜分；鄂圖曼土耳其帝國瓦解、土耳其共和國成立之後直到 1939 年才形成現在的版圖。我們從約美爾・塞菲汀的作品裡將目睹的，便是巨變時代下失序的社會對其人民所帶來的傷害與負面影響。

## 貳、簡介

約美爾・塞菲汀（Ömer Seyfettin）於 1884 到 1920 年在世，見證了這個對鄂圖曼土耳其帝國以及即將成立的土耳其共和國而言至關重要的時代，同時這也是土耳其新文學蓬勃發展的時期。約美爾・塞菲汀在此一時期的土耳其文學史中佔有極為關鍵性的地位：他致力推行「新語言運動」（Yeni Lisan Hareketi），成為推行土耳其民族文學的先鋒。民族文學的發展需要民族語言的支持，因此他的新語言運動和民族文學亦是密不可分的。當時鄂圖曼土耳其帝國的官方語言和文

學語言裡混雜了大量的波斯文與阿拉伯文詞彙甚至於文法元素，約美爾‧塞菲汀決心扭轉這個漸趨畸形的發展現象，大力呼籲作家文人停止用外來語法創造新詞，直接採用純正、簡潔、口語的土耳其文寫作。

　　約美爾‧塞菲汀的作品主要描寫他對社會現象的觀察與內心的感受，同時也反映當時鄂圖曼土耳其帝國末年的思想。他大部分的作品中都強調愛國情操與民族主義，並批評模仿式的西化。約美爾‧塞菲汀產量最多的作品是短篇小說，對土耳其文學而言短篇小說是仿效自西方，於十九世紀中葉後才出現的新文類；而約美爾‧塞菲汀的短篇小說寫作風格，評論家大多認為接近法國作家莫泊桑（Guy de Maupassant, 1850-1893），也就是偏重以情節為主、人物為輔的寫實主義風格（Polat）。

## 參、作者：約美爾‧塞菲汀

　　約美爾‧塞菲汀 1884 年生於馬爾馬拉海（Marmara Denizi）南部的小鎮格南（Gönen），他原本在故鄉念一般的社區小學，八歲時因為跟隨時任軍官的父親派任來到伊斯坦堡而進入軍事中學（Eyüp Askerî Rüştiyesi）就讀。十三歲中學畢業後，他沒有選擇留在伊斯坦堡升學，而是到艾迪內（Edirne，也就是亞德里亞堡，靠近今日希臘與保加利亞邊境）繼續軍校學業，這時他已開始嘗試寫作，對文學的喜愛便是在此萌芽的。十六歲完成艾迪內軍事高中（Edirne Askerî İdadisi）的學業後，他回到伊斯坦堡進入皇家軍校（Mekteb-i Harbiye-i Şâhâne）深造，這時期他在《文學雜誌》（*Mecmua-yı Edebiye*）發表了第一首詩（Ömer Seyfettin 頁 21），1902 年十八歲時則在《晨報》（*Sabah Gazetesi*）上發表了他的第一則短篇小說（約

美爾・塞菲汀，《約美爾》頁 1-2；Ömer Seyfettin 頁 15；Gürel 頁 11-12；Özer 頁 261）。1903 年馬其頓地區爆發動亂，約美爾・塞菲汀隨即從皇家軍校畢業，任步兵准尉並被派到愛琴海岸的城市伊茲米爾（İzmir）服役，二十二歲時（1906 年）被任命為伊茲米爾憲兵學校的教師。伊茲米爾當地素來有良好的文學環境，他在此地服務的期間有更多機會自由地與當地文人交流，同時也持續在當地報紙發表文章。約美爾・塞菲汀二十五歲時（1909 年）被派往塞隆尼加（Selanik），這是鄂圖曼土耳其帝國於巴爾幹半島相當重要的省份與城市。當時巴爾幹半島境內諸民族受民族主義興起與列強角力之影響，策動許多反抗鄂圖曼土耳其帝國的行動，以尋求獨立建國的機會。約美爾・塞菲汀也因此數度轉派該區各地，實際目睹並深刻感受到各民族為了爭取獨立而對土耳其人興起的敵意。這時期他不僅記錄所見所聞、持續寫作，同時也在伊斯坦堡以及塞隆尼加的報章雜誌上發表短篇小說。

後來約美爾・塞菲汀為了能全心從事文學創作並發揚其理念，決定離開軍職。1911 年他與詩人雍坦（Ali Canip Yöntem, 1887-1967）在文壇、政壇皆具影響力的社會學家兼作家格卡爾普（Ziya Gökalp, 1876-1924）大力支持下，於塞隆尼加創辦了文學雜誌《青年作家》（Genç Kalemler），並在很短的期間內引起了廣大的迴響。他們藉由這個刊物宣揚的核心理念是「語言與文學上回歸民族本質」（Parlatır 頁 87），[2] 具體的方式便是從推行新語言運動開始。《青年作家》自第二冊第一期起開設「新語言」（Yeni Lisan）專欄，初時由約美爾・塞菲汀主筆，後來也請與他理念相同的其他作家以此為題發表文章，期望能改變土耳其文學的語言。由於土耳其人伊斯蘭化以後長期受波斯與阿拉伯文化交互影響，當時的鄂圖曼土耳其文裡充斥了大量的波斯

---

2　土耳其原文為："Dilde ve edebiyatta millî benliğe dönüş"。

文與阿拉伯文的詞彙、文法以及造詞方式；約美爾・塞菲汀此時提倡新語言運動，並且用自己的作品證明這個想法的可實踐性。因此《青年作家》這份刊物在土耳其文學史中具有相當大的重要性，因為它不僅提出了新語言的理論，也召集許多作家共同嘗試用更簡潔、平實、口語的土耳其文來創作各種文體的作品；刊物中常常採用對照的方式具體呈現傳統文學語言與新文學語言的不同面貌，讓讀者可以更清楚地了解新語言運動以及民族文學的精神。

後來由於 1912 年巴爾幹戰爭爆發，二十八歲的約美爾・塞菲汀再度被徵召入伍，《青年作家》也因此停刊。在這場戰爭中約美爾・塞菲汀不幸被希臘軍隊俘虜，歷經十個月後才獲釋。三十歲時，約美爾・塞菲汀終於返回伊斯坦堡，決定自此不再參與軍隊而再度離開軍職；為了餬口與找尋穩定的寫作環境，他後來在當地的高中擔任教師，並全心全力投入寫作。1915 年，嚮往安定家庭生活的約美爾・塞菲汀於三十一歲時結婚並與妻育有一女，但三年後他們因價值觀差異而離婚。此後到他三十六歲因病過世前，約美爾・塞菲汀過著孤獨而靜謐的生活，日以繼夜地寫作，堪稱是他作家生涯中最多產的時期。

約美爾・塞菲汀的創作雖然包含有詩歌、隨筆、論說文、回憶錄、小說與短篇小說等多種類型，但最能突顯他寫作風格的其實是他畢生創作的一百六十六篇短篇小說。有別於當代其他土耳其作家大多把短篇小說視為長篇小說前之過渡型創作，約美爾・塞菲汀不斷地透過一則又一則的短篇小說來表達他對時勢的觀察、宣揚他的理念，繼而成為土耳其現代短篇小說之首位代表性作家（Akyüz 頁 187）。

約美爾・塞菲汀的短篇小說就主題而言，大致可以分為三大類：個人的生活經驗（童年與青年時期回憶、軍旅生活等）、社會現象與問題（土耳其的風俗、信仰、婚配方式等社會議題），以及當代思潮

（如鄂圖曼主義、[3] 伊斯蘭主義、[4] 土耳其主義[5] 與西化）。整體說來，他的作品呈現二十世紀土耳其社會生活與思維方式，心懷鄂圖曼土耳其帝國擴張時期的歷史與英雄榮光。約美爾・塞菲汀將「新語言」運動的精神實踐在作品中，因此其文字接近口語、平實易讀。他慣用的寫作手法是先描寫某個社會現象，然後安排一個戲劇化的情境，再用諷刺的手法引出一個出人意表的結局，以達到批判現實、引人省思的目的（參見 Enginün 頁 38；Özer 頁 262）。

## 肆、故事摘要

### 〈私生子〉

故事的敘事者準備前往班加西（Bingazi）參加義土戰爭

---

3　在十九世紀初鄂圖曼政府致力於各種改革與維新的時期，為了因應歐洲的政治情勢與威脅，並拯救帝國免於分裂而興起的一種政治主張。鄂圖曼土耳其帝國內部包含了各種不同宗教、語言、民族所組成的族群，而鄂圖曼主義以國家認同為基礎，企圖團結境內各族群，以「鄂圖曼人」作為最高的身分認同（吳興東 頁 162；Özcan）。

4　自 1517 年鄂圖曼蘇丹栖林一世（I. Selim, 1512-1520）征服埃及之後，歷任鄂圖曼蘇丹也兼有伊斯蘭世界首領「哈里發」的頭銜。於十九世紀後半葉興起的伊斯蘭主義（İslamcılık）主張聯合所有穆斯林教門兄弟，在鄂圖曼土耳其帝國哈里發的領導下，建立一個統一的伊斯蘭帝國，以擺脫西方各國對穆斯林的殖民統治；也就是西方所謂的「泛伊斯蘭主義」（吳興東 頁 67；昝濤 頁 127；Yusuf Akçura 頁 19）。

5　19 世紀末鄂圖曼土耳其帝國知識分子受歐洲突厥學（Turcology）研究發展影響，開始重視土耳其／突厥民族的語言、歷史、文化後而興起的一種民族主義思潮，後來也形成一種力圖挽救帝國分崩離析的政策。有別於以國家和以宗教為核心的「鄂圖曼主義」與「伊斯蘭主義」，土耳其主義是以種族為身分認同的中心，試圖結合所有帝國境內與中亞地區「土耳其／突厥」人民而發展出來的思想（吳興東，頁 67；昝濤，頁 26-30；Hanioğlu；Yusuf Akçura，頁 23-24）。

（Trablusgarp Savaşı, 1911-1912）[6]之前，因目睹歐洲人控制埃及並充斥大街小巷的景象而感到哀痛萬分，此時他巧遇舊日同學阿美特・尼哈特。這位從外表穿著到舉手投足之間都十足像歐洲人的老同學讓他頓生厭惡之心，尤其在老同學進一步宣稱自己不是土耳其人，也非鄂圖曼人，更不是穆斯林，而是天主教徒、真真正正的法國人之時，敘事者更是感到震驚無比並對老同學嗤之以鼻。此時阿美特・尼哈特才娓娓道出他的身世之謎，原來他並非土耳其父親所親生，而是土耳其母親與法國醫生外遇後產下的私生子。

〈祕密〉

　　酷愛「東方文化」的年輕歐洲人在言談之間指責土耳其人過度歐化且不知珍惜自身美好的一面，對於當地破落殘舊的街道和老舊建築則是不停讚嘆。敘事者對這位年輕歐洲人的固執與幼稚思想十分不以為然，但因年輕歐洲人的懇求，為了讓他見識完全沒有歐化的家庭，而把他帶到保守的老奶媽家中暫住一晚。這一晚的經歷讓年輕歐洲人驚喜連連而且無比陶醉，他甚至覺得自己發現了一個土耳其人絕大的祕密而洋洋得意。敘事者帶著困惑與好奇聽年輕歐洲人唸完他的筆記後不禁啞然失笑，原來年輕歐洲人對土耳其文化根本只有一知半解。

## 伍、人物

〈私生子〉

敘事者：為土耳其民族與穆斯林的未來憂心忡忡的愛國者

阿美特・尼哈特：敘事者的老同學，出自土耳其家庭卻一心嚮往西

---

6　發生於義大利王國與鄂圖曼土耳其帝國之間的義土戰爭，土耳其人通常稱之為「的黎波里戰爭」（Trablusgarp Savaşı）。

　　　　　　方，舉手投足「法國化」的「法國尼哈特」

〈祕密〉

敘事者：土耳其人

塞邁德：敘事者的好友，生活方式歐化的土耳其人

年輕歐洲人：塞邁德於法國索邦學院認識的朋友，酷愛「東方文化」

老奶媽：敘事者的奶媽，對宗教極度虔誠，保守的老寡婦

## 陸、主題和賞析

　　〈私生子〉與〈祕密〉這兩則作品篇幅短小、事件單純，人物數量亦不多，但兩則作品中都有大量而生動的對話。〈私生子〉的人物只有敘事者和法國尼哈特；〈祕密〉中只有敘事者、年輕歐洲人和老奶媽。這種短小的型態、聚焦式的呈現方法、主觀的第一人稱敘事觀點，有利於約美爾‧塞菲汀呈現他想要透過故事探討的議題。這兩則短篇的情節結構都十分單純：故事開始、情節發展，最後導向一個出人意表的結局，引發戲劇性的效果，並凸顯作者想要引導讀者進一步思考的議題，也就是土耳其人的身分認同、對「西化／歐化」的看待方式，以及追求西化和維護傳統之間的平衡。

### 一、歸屬與差異

　　〈私生子〉的開頭，敘事者訴說他在準備前往班加西（Bingazi）支援義土戰爭（1911-1912）的前夕，因故不得不暫時留在埃及開羅的痛苦感受。他描述當地「寬敞而且滿是汽車的街道」、「立有塑像的廣場」、「像鈔票堆成的大銀行，大歌劇院，看似仙女宮殿、富麗堂皇的夜總會」（約美爾‧塞菲汀，《約美爾》頁 151）等景色。然而敘事

者這些描述的目的,並不是要讚揚這些來自西方世界、代表進步與富庶的產物;當他目擊大街小巷遍布著有別於伊斯蘭傳統的「外來」事物,心中生起的其實是憤怒與厭惡的感受。接著文中提到歐洲人已經併吞了土耳其人在亞洲建立的國家(《約美爾》頁152),[7]緊接著又開始攻擊與土耳其人同為穆斯林的阿拉伯人,繼蘇丹、摩洛哥、阿爾及利亞、突尼西亞,鄂圖曼土耳其帝國在北非的最後領地的黎波里(Trablusgarp)跟班加西也都被侵略了(《約美爾》頁152-153)。這段開頭不僅僅為故事後續的情節發展提供了時代背景,從敘事者義憤填膺的語態中,我們可以得知他對自身所屬群體的認同與自我詮釋方式,是一種囊括了鄂圖曼人、穆斯林、土耳其人的多重身分認同。如此一來,約美爾・塞菲汀鋪陳出主要人物的身分認同與情緒動機,為接下來即將發生的事件營造了高度的戲劇性效果。

在接下來的段落中,敘事者巧遇原本該是同種族、同宗教、同故鄉的老同學阿美特・尼哈特,卻發現老同學從外表到內心都完全代表對立的一方也就是「西方人」之時,其內心的憤慨也就可想而知了。雖然他強作鎮靜,諷刺老同學無非只是自欺欺人,但也預期老同學能夠輕易地提出辯駁理由:「我早知道他要說的那一套。他一定會說宗教、傳統、風俗習慣、種族觀念都是神話,對國籍的信仰,依教育和利益會改變;接受那一國的教育,就會傾向那一國的精神;最後還會主張,一個人若要文明,一定要歐化。」(《約美爾》頁158)雖然阿美特・尼哈特的經歷,最後證明就血統而言他確實是法國人,但是約美爾・塞菲汀藉著這個角色,其實嚴厲批評了那些不認同自己的國家、宗教、民族,一心只想要模仿西方而一步登天的土耳其人。盲目

---

7　這裡指的是來自中亞、突厥化的蒙古人巴布爾(Babür Şah)所建立的莫臥兒帝國(Babürlüler, 1526-1858)。

崇尚西化的土耳其人對作家而言，就像是故事中的阿美特・尼哈特一樣，無非是個人利益至上的功利主義者而已。

故事的結尾處，敘事者回想起在伊斯坦堡見到像阿美特・尼哈特一樣穿著入時，向來否定、厭惡並輕視土耳其的紈褲子弟，「難道他們都是私生子嗎？他們的母親也都是在貝歐魯懷孕的嗎？」（《約美爾》頁168）。約美爾・塞菲汀藉由這兩個看似荒謬的問題，譏諷並點出他所實際觀察到的社會現象：社會上充斥著不承認自己是土耳其人或穆斯林的同胞，謀求私利至上而寧願供外人差遣。敘事者最後描述他的「夢魘」中，「破損的鮮紅新月墜落滿地；烏黑、血腥的十字，一一冉冉上升」（《約美爾》頁168）。此處呈現出一個畫面，十字架的意象通常代表基督教，新月的意象則代表伊斯蘭；十字架上升、新月墜落就象徵並呼應了前面敘事者所說，心目中土耳其思想的幻滅。

這則故事也反映當時土耳其社會上的普遍性爭論——為了維持國家的存續，應該用什麼力量來凝聚人民？是國家組織、宗教歸屬還是民族身分？雖然三者之間有許多交疊之處，但對十九世紀末二十世紀初的土耳其而言，沒有任何一個主張可以涵蓋所有並說服所有人。

## 二、想像與現實

〈祕密〉雖然不像〈私生子〉中具體提及許多歷史事件而得以讓故事的年代設定直接顯現，但是就文本中提及的地點（例如：拜歐魯、脫卡勒揚）、人名（例如：洛丁），以及塞邁德一家過著歐化的生活等細節看來，兩則短篇小說所描述的時代背景並無太大差別，都是二十世紀初，只不過〈祕密〉的場景移到當時的首都伊斯坦堡。〈祕密〉中的地點安排與故事情節發展也是同步設定且相輔相成——住在歐化的土耳其家庭裡的年輕歐洲人，渴望見識傳統的土耳其家庭

風貌，因此從伊斯坦堡的新城區開啟前往舊城區的「探險」。

　　新城區拜歐魯（Beyoğlu）[8]自古以來都是基督徒與各國使節聚集居住地區，也是伊斯坦堡的商業中心。〈祕密〉中的敘事者稱拜歐魯區是「希臘人的中心」（約美爾‧塞菲汀，《土耳其短篇小說選》頁42），此處所謂的希臘人主要指的是非穆斯林者。年輕歐洲人感嘆著此處未見「洛丁筆下的土耳其」，並批評拜歐魯區是「噁心的西方漫畫」（《土耳其》頁42）。[9]年輕歐洲人提到「洛丁筆下的土耳其」地處伊斯坦堡的舊城區，包含文中提及的 Karagümrük、Bayezid、以及法悌（Fatih）等地。（《土耳其》頁42、43、47）敘事者帶領年輕歐洲人前往老奶媽家所經過的土耳其人社區、市集和清真寺都是在這一頭。伊斯坦堡的新城區與舊城區在〈祕密〉中製造出對比的效果，這種寫作手法後來也經常出現在土耳其共和國初期的文學作品中，像是土耳其著名作家裴亞密‧薩法（Peyami Safa, 1899-1961）的小說《法悌－哈爾比耶》（*Fatih-Harbiye*, 1931）直接採用分別為新城（Harbiye）與舊城（Fatih）的兩個地區之名作為小說標題；小說人物的設定也直接建立在「舊和新」、「東方和西方」、「傳統和現代」的價值對比上。

　　〈祕密〉中採用許多這樣的對比手法。土耳其人視為「貧困、野蠻、無知及那些落後狼狽不堪的情況」，在年輕歐洲人眼中是一些奇

---

8　〈私生子〉中也曾提到此地，但譯為貝歐魯。〈私生子〉中，法國尼哈特從前念書時喜歡到貝歐魯度假，他的生父法國醫生也住在貝歐魯；因此故事的最後，敘事者暗想那些像尼哈特一樣厭惡土耳其的紈褲子弟是否都是在貝歐魯受孕所生（約美爾‧塞菲汀，《土耳其》頁168）。

9　皮耶‧洛丁（Pierre Loti, 1850-1923）是法國軍官與作家，本名為 Julian Viaud，於1870-1913年間曾多次造訪與派駐土耳其。他的第一部作品 *Aziyadé*（1879）描寫的是一位英國軍官與土耳其少女 Aziyade 間的愛情故事，後續的許多作品也常以土耳其，尤其是伊斯坦堡作為背景。

蹟，他反而驚訝於土耳其人不懂得欣賞「這些無盡的垃圾堆及沉寂的廢墟」（《土耳其》頁 42）。面對老奶媽家中的擺設和用品，如波斯地毯、待客用的銀盤、老字畫與手抄書等，他「訝於眼前所見美好的一切而興奮激動」（《土耳其》頁 46）。這些生活場景的細節凸顯出傳統文化的特色，並引導讀者思考東方與西方孰優孰劣。這是個從土耳其開始密切與西方交流的時代就產生的問題，也是土耳其文學中最常出現的主題之一：要各取所長、遵循傳統還是全盤西化？而現代的土耳其，或許從物質條件各方面上看起來，完全是一個現代西方國家的面貌，但人民的許多行為與思想模式仍是與其傳統文化緊密相連的。

　　〈祕密〉中的老奶媽與年輕歐洲人也是互為對比的人物。老奶媽雖不至於不見外人，但代表了固守傳統、較為保守的土耳其人，因此敘事者要帶年輕歐洲人去見她前，還必須先為他買一頂土耳其氈帽，並且介紹他是柴族人，[10]哄騙老奶媽說他講的是「高加索區另一支柴族的新柴語」，並假稱他要到麥加朝覲（《土耳其》頁 43、44、45）。酷愛「東方文化」的年輕歐洲人則深深陶醉於住在老奶媽家中一晚的所見所聞之中，他甚至認為諸如「賈克·卡桑洛瓦、皮耶·洛丁之流的人」[11]也不夠了解東方人，以為自己真的看到了其他歐洲人沒能看到的東西。實際上他不過是對老奶媽家破舊的儲藏室物品，自行觀察作出完全不符事實且一廂情願的解釋（《土耳其》頁 49-51）。更諷刺的是，他在土耳其人引以為豪的法惕清真寺（Fatih Camii）當前卻無動於衷。這座清真寺為征服伊斯坦堡的鄂圖曼蘇丹穆罕默德二世（II. Mehmet, 1444-1446、1451-481）下令興建並以其稱號征服

---

10　Çerkes，或譯作切爾克斯人，源自北高加索地區的一支民族，主要信仰伊斯蘭，為遜尼派穆斯林。

11　Jacques Casanova（1725-1796），義大利冒險家與作家，曾派駐伊斯坦堡；Pierre Loti。

者（Fatih）而命名，是穆斯林禮拜的地方，對穆斯林而言才是真正的「崇拜物」。然而年輕歐洲人對清真寺之美視而不見，反而對老奶媽儲藏室裡的「崇拜物」大加讚賞。即使經過敘事者的解釋，年輕歐洲人依舊不願承認自己對土耳其社會文化認識不足，只能宣稱土耳其人無法看見自身的優點、根本無異於瞎子，而敘事者認為年輕歐洲人既看不見對土耳其人來說真正有意義的東西，也說不清到底土耳其人看不到的優點是什麼（《土耳其》頁 52-53）。

〈祕密〉這篇短篇小說藉由呈現酷愛東方文化的年輕歐洲人在伊斯坦堡有限的觀察、體驗與詮釋過程，來批判西方對東方片面而且往往錯誤的認知，這讓我們不禁想起後殖民主義的奠基文本：薩依德（Edward W. Said, 1935-2003）的著作《東方主義》（*Orientalism: Western Conceptions of the Orient*, 1978）中的闡述，特別是簡化的東西二元對立思維，導致「先進的西方便『順理成章』、『理所當然』地對落後的東方遂行『文明化的任務』（"civilizing mission"），施以教化，使其脫離野蠻進入文明，以致歷史上有多少的侵略、占領、統治、宰制、操控、圍堵……都假文明、教化之名而行？」（單德興 頁 118-119）約美爾・塞菲汀的這篇〈祕密〉中，也彷彿是土耳其人在二十世紀初對文化霸權主義所提出直接而沉重的控訴。〈祕密〉中屢屢被提及的法國作家洛丁，其人其事在某種程度上與故事中酷愛東方文化的年輕歐洲人形象並無二致。洛丁十分熱愛土耳其文化並時常以土耳其作為寫作題材，甚至在土耳其面臨義土戰爭、巴爾幹戰爭的打擊之時，他挺身呼籲歐洲諸國應尊重土耳其的權益，因而贏得土耳其之友的美名；然而，包含約美爾・塞菲汀在內的許多土耳其作家，有鑒於洛丁早期作品中大量流於片面、負面且充斥浪漫奇想的描述，而大力抨擊洛丁塑造偏誤的土耳其形象，認為這對土耳其造成更深遠的傷害。因此洛丁在土耳其文壇一直是位備受爭議的人物，評價相當

兩極（Kerman）。約美爾・塞菲汀的這篇〈祕密〉中年輕歐洲人的見聞、經歷與最後落入的窘境，間接但也十分具體地表達出土耳其民族文學作家約美爾・塞菲汀對那些自詡了解東方、熱愛東方，實際上卻高高在上甚至別有用心的西方人的疑慮。

在約美爾・塞菲汀所處的時代，土耳其文人對文學的意義有不同的看法與討論，有一派仍認為藝術應該追求美好，而非社會性的功能。然而約美爾・塞菲汀認為藝術是一所學校，藝術家是學校裡的老師（Gürel, *Ömer Seyfettin'in Tarihi Hikâyeleri Üzerine Bir Araştırma* 頁8）。對他來說，文學作品有教化社會的功能，應該要服務社會大眾，我們也可以確實看到他透過文學創作來實踐這個理念。

## 柒、討論問題

1. 請描述你對「東方主義」的了解，並從文本中舉例說明哪個人物或者段落可能呈現了「東方主義」式的觀點。
2. 這兩則短篇小說中呈現了哪些彼此對立的觀點？
3. 在接觸另一個文化的過程中，我們該如何避免產生偏見？

## 引用／參考書目

吳興東。《土耳其史：歐亞十字路口上的國家》。（增訂三版）。臺北：三民，2020。

約美爾・塞菲汀（Ömer Seyfettin）。《土耳其短篇小說選》。黃啟輝譯。臺北：皇冠，1979。

——。《約美爾・塞菲汀作品選譯》。吳興東譯。臺北：皇冠，1989。

昝濤。《現代國家與民族建構：20世紀前期土耳其民族主義研究》。北京：生活・讀書・新知三聯書店，2011。

單德興。〈《東方主義》及其不滿〉，《世界思潮經典導讀》。臺北：五南，2019。頁 101-122。

Akyüz, Kenan. *Modern Türk Edebiyatının Ana Çizgileri*. Ankara: İnkılap Kitabevi, 1995.

Enginün, İnci. "Ömer Seyfeddin'in Hikâyeleri." *Doğumun Yüzüncü Yılında Ömer Seyfettin*. Ankara: Türk Tarih Kurumu Basımevi, 1985.

Gürel, Zeki. *Tarihi Hikâyeler Eskimeyen Kahramanlar*. İstanbul: Hamle Yayınevi, 2015.

_____. *Ömer Seyfettin'in Tarihi Hikâyeleri Üzerine Bir Araştırma*. İstanbul: Hamle Yayınevi, 2015.

Hanioğlu, M. Şükrü. "Türkçülük." *TDV İslâm Ansiklopedisi*, https://islamansiklopedisi.org.tr/turkculuk (18.01.2020).

Kerman, Zeynep. "Türkçede Pierre Loti Tercümeleri ve Hakkında Yazılan Yazılar Bibliyografyası." *Türk Dili*. 580 (Nisan 2000): 336-351.

Ömer Seyfettin. *Ömer Seyfettin Bütün Eserleri: Hikâyeler 1*. Haz: Hülya Argunşah. İstanbul: Dergâh Yayınları, 4.b. 2015.

Özcan, Azmi. "Osmanlıcılık." *TDK İslâm Ansiklopesidi*, https://islamansiklopedisi.org.tr/osmanlicilik (17.01.2020).

Özer, Hanife. "Bir Oryantalizm Eleştirisi: Gizli Mabet." *Türklük Bilimi Araştırmaları*. 41 (2017): 257-276.

Parlatır, İsmail. "Genç Kalemler Hareketi İçinde Ömer Seyfettin." *Doğumun Yüzüncü Yılında Ömer Seyfettin*. 2.b. Ankara: Türk Tarih Kurumu Basımevi, 1992. s.87-111.

Polat, Nazım H. "Ömer Seyfeddin." *TDV İslâm Ansiklopedisi*, https://islamansiklopedisi.org.tr/omer-seyfeddin (17.01.2020).

Yusuf Akçura. *Üç Tarz-ı Siyaset*. 4.b. Ankara: Türk Tarih Kurumu, 1998.

# 阿拉伯文學

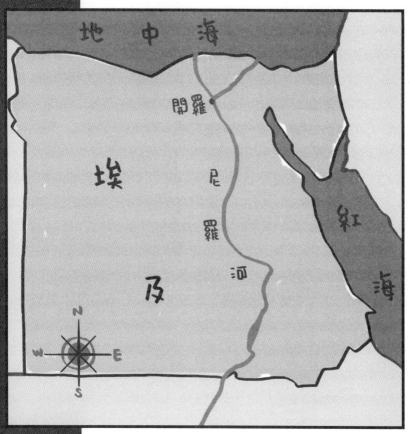

埃及地圖

第九章
# 傳統與現代的交錯：
# 〈札巴拉維〉中的心靈追尋
王經仁 [1]


## 壹、歷史

　　埃及有豐富的歷史文明和文化底蘊，它提供了本文作者馬赫富茲
充分的寫作養分。也因此，在探討馬赫富茲的文學作品前，先概略介
紹埃及的文明發展有助於我們對他的了解。為方便本文的討論，可將
埃及歷史大致分成三個階段：伊斯蘭前（史前到西元 642 年）為一階
段，伊斯蘭後包含兩階段，分別是拿破崙入侵前（642-1798 年）、現
代埃及（1798 年至今）。

### 一、伊斯蘭前（史前到西元 642 年）

　　超過 6,500 公里的尼羅河是埃及日常生活用水的主要水源。埃及
數千年來文明的累積都拜尼羅河之賜。百分之九十的埃及人居住在尼
羅河沿岸。因為上游藍、白尼羅河的融雪和雨季為尼羅河帶來豐沛的
水量，每年從五、六月開始，下游區域開始泛濫，帶來大量的沖積物

---

1　作者為國立政治大學阿拉伯語文學系副教授。

和沉積養分，在出海口附近形成肥沃的三角洲地帶，成為農業發展的最佳土地。

　　埃及的歷史進程，歷經法老王統治的古埃及時代，到希臘化時代的托勒密王朝。歷史上大家熟悉的的埃及艷后（Cleopetra，西元前69-30年）就是這個時期的統治者。西元第一世紀，基督教被引進埃及，目前存在埃及約佔百分之十的基督徒科普特人（Copts），就是當時開始信教的。而事實上，Copt這個字就是從希臘文沿用過來的Egypt這個字（Sayed頁1）。也就是說，今日在埃及受到多數穆斯林壓迫的少數民族「科普特」人才是真正的「埃及」人。

## 二、伊斯蘭後（642-1798年）

　　埃及在西元七世紀中葉進入了伊斯蘭時代。伊斯蘭教的先知穆罕默德（Muhammad）於西元622年從阿拉伯半島的麥加（Mecca）遷徙到了麥地納（Madinah），開始了伊斯蘭教向外擴張的時期。西元642年，伊斯蘭向西跨越了西奈半島，進入埃及，開啟了埃及伊斯蘭化的過程。從七世紀中葉開始，因為伊斯蘭的傳入，古埃及法老傳統和後來的基督教思想，慢慢地成為歷史，逐漸被淡忘在埃及人的生活當中，而沒有皈依伊斯蘭的科普特基督徒，也成為埃及土地上的少數民族。伊斯蘭成為這塊土地上最強勢的宗教與思想，一直到二十一世紀的今天，即使期間歷經了不同的王朝更迭，但是伊斯蘭一直是在思想信念上維繫當地社會的最大力量。

## 三、現代埃及的誕生（1798年至今）

　　一般史學家定義現代埃及的出現在拿破崙（Napoleon Bonaparte, 1769-1821）於1798年率軍入侵埃及開始。由於西方勢力的入侵，

埃及被迫邁入了現代化的進程。三年後，在 1801 年拿破崙在各國、尤其是英國的壓力下撤軍，1805 年由鄂圖曼土耳其帝國（Ottoman Empire）指派的新總督，來自南歐阿爾巴尼亞（Albania）的穆罕默德·阿里（Muhammad Ali, 1769-1849）軍官接管並統治埃及。他眼見西方社會國家的進步，於是致力於埃及的現代化（西化），引進了許多西方的科技和思想。他同時也在 1826 年開始派遣大批的留學生到歐洲見習、到義大利學習印刷術（Tahtawi 頁 19），[2] 尤其是到法國學習最新的軍事以及文化、歷史方面的知識。他最主要的目的是建立強大的軍隊，趕上歐洲發展，讓埃及成為一個現代化的「歐洲國家」。

1869 年蘇伊士運河（Suez Canal）開通，1871 年開羅歌劇院（Cairo Opera House）設立，穆罕默德·阿里的後代繼承人，也就是他的孫子伊斯馬伊爾（Isma'il Pasha, 1830-1895），積極地將埃及西化。他在 1879 年宣稱：「我的國家（埃及）已經不在非洲，我們是歐洲的一部分。所以很自然的，我們要拋棄舊的習俗採納新的方式來適應我們的社會狀態」（Hanna）。於是我們看到，國家領導者有一種想法，而宗教領袖則堅持傳統的規範，新和舊之間的拉扯，一直持續著。

第一次世界大戰之後，美國總統威爾森（Woodrow Wilson）所特別強調的「民族自決」（self-determination）讓許多受到歐洲殖民的國家風起雲湧地開始反殖民的抗爭活動。這段時期正是馬赫富茲童年時最深刻的記憶。埃及於 1952 年獨立，歷經了納瑟（Nasser）、沙達特（Sadat）、穆巴拉克（Mubarak）、穆爾西（Mursi）和現在的西希（al-Sisi）總統。世俗化、民主化一直在進行，可是每位總統都離不開獨裁

2 穆罕默德·阿里於 1815 年派遣了十五歲的敘利亞基督徒 Niqula Massabiki 到米蘭學習印刷術，為 1822 年設立的布拉克（Bulaq）印刷廠奠定了基礎。

者的身段和影子。馬赫富茲的文學創作就在二十世紀埃及社會文化中的新、舊、東、西之間激盪。

## 貳、簡介：阿拉伯文學

　　我們簡單地將阿拉伯文學定義為以阿拉伯文書寫的文學作品。阿拉伯語是閃語系（Semitic language）的一支，在西元七世紀伊斯蘭教出現之後，阿拉伯文字書寫的規則隨著《古蘭經》的編撰才慢慢開始標準化。因此，目前現存最早的阿拉伯文學，大多是伊斯蘭前（pre-Islam）的詩歌，因為當時沒有文字，所以被後人記錄而流傳下來的多為此文類的作品，詩歌有韻律，因此最容易被記憶傳頌。由於伊斯蘭帝國擴張，使用阿拉伯語的地區從阿拉伯半島東往波斯帝國、北往拜占庭帝國、西往北非與西班牙南部等地擴展。這些地區原本使用的語言與傳播過去的阿拉伯語在當地形成雙層語言（diglossia）的狀況，上層語言用於書寫，下層語言用於口說。《古蘭經》中的阿拉伯文是書寫語言，當地方言則是口說語言。在歷史上有少數以方言書寫的文學，但是從十九世紀開始，許多阿拉伯人受到西方學者的影響，陸陸續續有人提倡方言文學，也就是以口說語言書寫。但是因為上層語言的書寫體是宗教經典的語言，多數穆斯林認為使用方言寫作將背離《古蘭經》的語言，因而背離伊斯蘭教。除此之外，方言的書寫方式沒有標準化，所以方言書寫一直未能形成風潮。

　　現代阿拉伯文學的出現，約莫始自十九世紀中葉。這個時期的阿拉伯文學發展深受西方世界的影響，各種文類，如長篇、中篇、短篇小說以及自由詩（free verse）等，都幾乎是西方文學的移植、模仿和再生。早期阿拉伯文學的發展尤其受到法國的影響。文學的傳入主要經由報紙雜誌的發行以及歸國學人的推廣。報紙雜誌的流行是因為印

刷術的引進和 1822 年印刷廠的設立，讓阿拉伯文的知識生產、複製與傳播變得有效而迅速。而歸國學人方面則是一批批的公費官派留學生和私人自費留學生書寫成果的展現。前者如塔赫塔維（Rifa'a Rafi' al-Tahtawi, 1801-1873）[3] 和卡辛・阿敏（Qasim Amin, 1863-1908），[4] 後者有人稱阿拉伯戲劇之父的陶菲格哈金（Tawfiq al-Hakim, 1898-1987）。馬赫富茲在現代阿拉伯文學史上，居於承先啟後的地位。他在阿拉伯文學漸趨成熟的過程當中，為之注入了新的文學動力。他從 1930 年代開始寫作，其時正值報業雜誌開始蓬勃發展之際，而當時埃及的印刷業也發展超過一個世紀，在其後的數十年一直到他 2005 年去世為止，他都一直努力不懈地寫作。

## 參、作者：納吉布・馬赫富茲

　　馬赫富茲在 1988 年獲得諾貝爾文學獎。當時他已七十七歲，且年邁多病，不適合遠行到斯德哥爾摩領獎，所以他請了他的好友穆罕默德・薩爾馬威（Mohamed Salmawy）幫他宣讀講稿。為了讓觀禮者知道他這位來自埃及的作家，馬赫富茲在演講詞中如此形容自己：「請允許我用盡可能客觀的方式來介紹我自己。我是兩個文明的子嗣，這兩個文明在歷史上的某個時期曾經有過美好的結合。第一個是七千年前的法老文明；而第二個則是一千四百年前的伊斯

---

3　塔赫塔維是 1826 年埃及第一批官派留學生團隊的宗教伊瑪目（imam）。他回國後出版了回憶錄《一位伊瑪目在巴黎》（*An Imam in Paris*），也創立了翻譯學校，翻譯了許多西方的科學及人文方面的作品。

4　阿敏於 1881 年到法國學習法律，回國後在混合法庭擔任法官。他常被稱為阿拉伯世界的第一位「女性主義者」，他鼓吹女性的教育，並出版了兩本與女權相關的書籍，《女性的解放》（*Liberation of Women*, 1899）和《新女性》（*New Women*, 1900）。

蘭文明。……各位先生女士，這是我的命運，生在這兩個文明的懷抱當中，吸吮它們的奶水，汲取它們文學和藝術的養分，然後我暢飲它們豐富和神奇的文化瓊漿。從這些文明的啟發，以及我自身的感悟當中，字，如露珠般從我凝結而出。很幸運地，這些字獲得了委員會的青睞，因而頒給了我重大的諾貝爾獎」（Mahfouz, "Nobel Lecture"）。[5]

　　數千年累積的埃及歷史文明及文化背景成了馬赫富茲集結他文學寫作能量的最佳來源。馬赫富茲在 1911 年誕生於埃及首都開羅舊城區的一個中產階級家庭，是家中七個小孩的老么，有四個哥哥、兩個姊姊。他成長於一戰結束後國族主義興起、反動青年上街頭抗議殖民國專權、要求民族獨立的時代。英國人的統治殖民對他的思想有很大的影響。他在開羅大學主修哲學，畢業後進入研究所繼續攻讀哲學碩士學位。不過在一年後就休學專心於公職和寫作，他為當時著名的報紙和雜誌寫稿，如《金字塔日報》（Al-Ahram）和《新月雜誌》（Al-Hilal）。他在 1988 年獲得諾貝爾文學獎，是至今阿拉伯世界僅有的一位諾貝爾文學獎得主。

　　馬赫富茲寫作初期醉心於古埃及的歷史，所以最早期的作品都是以古埃及為背景。馬赫富茲最主要的寫作類型以他的小說最為人稱道，但是也有短篇小說和戲劇作品。在他超過五十年的寫作生涯當中，以他的名字出版了三十多部小說和超過三百五十篇短篇小說。他最重要的作品是「開羅三部曲」，由三部小說組成，分別為《宮間街》（Bayna al-Qasrayn）、《思宮街》（Qasr al-Shawq）和《蜜糖街》（al-Sukkariya），出版於 1956 年到 1957 年間。這三部描述埃及從第一次世界大戰到二戰結束前的作品為他奠定了重要文學家的地位。

---

5　本章引文原文為英文，中譯皆由筆者翻譯。

　　在馬赫富茲的年代，大多數的阿拉伯作家都無法專職寫作養活自己，因為稿費很少，同時因為教育不普及、識字率低、經濟狀況不佳，所以願意花錢買書的閱讀大眾稀少。在這種狀況下，作家必須先有非寫作的專職工作，然後憑藉著對文學的熱情來持續創作，希望有朝一日作品受到肯定然後能夠改善生活。馬赫富茲就是這樣的一個例子。

　　除了貧困之外，埃及的作家也面臨許多危險。審查制度箝制了作家的言論自由。許多埃及作家都有因寫作內容「政治不正確」遭到半夜敲門而身陷囹圄的白色恐怖經驗，如著名的女性主義作家諾娃・沙達維（Nawal al-Sa'adawi, 1931- ）。[6] 而馬赫富茲所遭遇的問題比入監還要嚴重，他在 1994 年遭到伊斯蘭主義者刺殺，主要是因為他於 1959 年所寫的小說《我們街區的孩子們》（*Children of Our Alley*）中涉及宗教毀謗的問題。在埃及，或者是大部分的阿拉伯國家，作為一個作家是必須冒很大的風險的！

　　現代小說是一個西方的文類（genre），在埃及沒有先例，而馬赫富茲也不像其他出身富裕的作家能有機會到歐洲求學、接受西方文學第一手的染濡，因此他的阿拉伯小說書寫勢必要仰賴其他阿拉伯文學家的創作來獲得啟發。在一些訪談當中，他提到了對他在寫作上影響最深的人，其中包含塔哈・胡笙（Taha Husayn, 1889-1973）和薩拉馬・穆沙（Salama Musa, 1888-1958）等人（El-Enany 頁 12）。前者於 1926 年出版的《蒙昧時期詩歌》（*On Pre-Islamic Poetry*）用西學來評論阿拉伯文的詩歌，指控有些所謂伊斯蘭前的詩歌恐怕是造假的作

---

6　埃及著名的醫生、作家、思想家以及女權運動者，遭受當時總統沙達特的囚禁以及後來伊斯蘭基本教義派的死亡威脅，曾經逃離埃及一段時間到美國講學。

品，在當時造成了政治風暴，[7]而這個事件，卻對馬赫富茲的知識啟發有深刻的影響（El-Enany 頁 13）。另外，因為薩拉馬·穆沙，馬赫富茲了解到更多元信仰的可能。他表示：「從薩拉馬·穆沙我學會了相信科學、社會主義和容忍」（El-Enany 頁 12）。

## 肆、故事摘要

　　〈札巴拉維〉最早在 1961 年 5 月 12 日刊登在埃及的《金字塔日報》（Elad 頁 644），於隔年 1962 年被收入馬赫富茲的短篇小說集《阿拉的世界》（*Dunya Allah*）。故事的背景在文中雖然沒有清楚交代，但是我們可以推測它正是作者馬赫富茲成長及生活的時空，因為當時的埃及社會的發展相當符合文中的描述——一個傳統與現代交替的時代，一個科學和宗教信仰互相挑戰的年代。〈札巴拉維〉的敘事以近似寓言的方式呈現，故事簡短，卻語意綿長，篇名所指的「札巴拉維」是一位蘇非行者（sufi saint）[8]的名字。故事中的主角有一天罹患了無法治癒的疾病，在嘗試了各種辦法都無效之後，想到了小時候傳說中可以治癒百病的札巴拉維。於是故事的主人翁踏上了尋找這位蘇非大師的旅程。札巴拉維居無定所，卻常常在城裡出沒。於是主人翁穿梭在開羅的大街小巷、舊城區、新城區、商會大樓，向伊斯蘭長老、書法家、樂師、街販等各類職業的人探詢札巴拉維的蹤跡，但總是沒有結果。而最後，他得知常常光顧酒吧的一個名叫瓦納斯的酒鬼與札巴拉維熟識。於是他到了這個酒吧——一個堅定信仰伊斯蘭的穆

---

7　是的，與宗教有關聯的文學作品案件，等同於一個政治事件。塔哈·胡笙當時在開羅大學任教，埃及國會一度還激烈地討論要開除他，結果沒有成功。

8　所謂的「蘇非行者」是一種「行走江湖的智者」，類似佛教各處托缽化緣的僧侶。許多人相信他們有超乎常人的力量，能夠發揮神蹟，幫人治病。

斯林不會進入的場所。故事主角與酒客的相遇頗負戲劇性。後者要求
前者喝酒才願意與他交談,前者在此情況下被迫喝下四杯酒後失去了
意識,進入了幻境,而就在此時,札巴拉維就出現了。他不但站在意
識模糊的主角身旁,還同情他的酒醉,在他身上灑了一些水,讓他清
醒。待主角醒來後,札巴拉維已經離開,失去蹤影,儘管派人出去尋
找也毫無所獲。雖然主角與札巴拉維有短暫的時空上的交錯,結果卻
無緣讓大師為他治病。隨著時光流逝,他只好下定決心一定要再次踏
上旅途,尋找札巴拉維!

　　故事的主角沒有名字,這顯然是作者刻意的安排。一個沒有
名字的人,可能是你、我、任何人。而疾病也沒有名字,馬赫富
茲對疾病的描述是:「我罹患了一種疾病,沒有人知道如何醫治」
("Za'abalawi" 頁 137)。[9]作者對疾病沒做說明,也許這並不是一個真
正由病菌或是病毒所造成的疾病,而是一種隱喻(metaphor),某種
象徵。

## 伍、人物

敘事者
敘事者父親
札巴拉維
律師卡馬爾長老
書商

---

9　本章引文皆出於 Mahfouz, Naguib. "Za'abalawi." *Modern Arabic Short Stories*, translated by Denys Johnson-Davis, Oxford UP, 1967, pp. 137-47。中譯皆由筆者翻譯。

地方長老

書法家哈薩納引

作曲家蓋德長老

尼格瑪酒吧的哈吉瓦納斯

## 陸、主題和賞析

### 一、「札巴拉維」是誰？

　　本文的主角踏上了尋找「札巴拉維」的旅程。我們知道「札巴拉維」是一位蘇非行者，但是他究竟有什麼特質呢？從文中作者的描述我們可以得知：

1.「誰是札巴拉維，父親？」我問。

　「他是一個真正的阿拉的聖者，消除煩惱和解決問題的人」！（頁 137）

2.「我們認為他是一個創造神蹟的人」。（頁 138）

3.「有些人公開嘲笑他，說他是個蒙古大夫，告誡我快去看醫生」。（頁 139）

4.「到咖啡館附近找找看……或是清真寺、祈禱室，還有綠大門附近，他可能跟其他丐幫的人在一起，你分辨不出來」。（頁 140）

5.「一個神祕的人……但是聖者就是如此，不該責怪他」。（頁 141）

6.「他是音樂的化身」。（頁 143）

「札巴拉維」的身分似乎很特別，有人覺得他神聖，可以治病，可是

卻有人覺得他是江湖術士，是個騙子。為什麼會有這麼大的差異？時代的改變導致價值觀的變遷是其中最大的因素。下文將有更詳細的討論。

## 二、〈札巴拉維〉與蘇非主義

「札巴拉維」是一位蘇非行者，〈札巴拉維〉故事當中充滿蘇非主義（Sufism）宗教經驗的指涉，所以我們必須先了解蘇非主義以便更深入了解文本的意涵。

什麼是蘇非主義？簡單地說，它是由伊斯蘭教所發展出來的一種「內向」（inwardness）的宗教派別，不強調俗世的價值追求，而強調向內自省、精神層面的修行，以尋求在心靈上與阿拉結合。經由導師的教導學習，蘇非門徒可以不經過宗教，直接與阿拉接觸。

蘇非主義在西方世界的研究當中，常將其歸類為所謂的「神祕主義」（mysticism），或稱為「密契主義」。蘇非教派從伊斯蘭當中另類崛起，根據學者研究，早在先知穆罕默德時期就有紀錄（Nicholson）。也就是說，蘇非主義的興起與伊斯蘭的發展幾乎是同時進行。正統伊斯蘭強調對信徒日常生活嚴格的規範，而蘇非教派則強調排除世俗雜念，專注於內在心靈上的宗教經驗。

蘇非的宗教儀式常被保守的伊斯蘭教士認為是異端，因為蘇非信徒在他們尋求與阿拉相契合的同時，常會藉由舞蹈、音樂、和「酒」讓人進入「神入」（trance）的狀態，因而達到神人合一的目的（Oneness of God）。因為蘇非主義相信放棄意識（aql），心靈才有可能與阿拉結合。「音樂」在伊斯蘭當中一直是相當具有爭議性的話題。宗教學者從伊斯蘭初期開始就對於它的正當性爭論不休。而「酒」，在伊斯蘭當中更是被明令禁止的。雖然我們知道，蘇非的「酒」，事實上常是一個象徵、一種隱喻，但是，強調它是宗教經驗

的重要媒介，則是明顯地違反了伊斯蘭法的規範。也因此許多正統伊斯蘭的長老教士們將蘇非教派視為不法團體。雖然如此，我們知道在埃及社會蘇非道團（Sufi Order）仍然遍佈各地，有許多參加蘇非道團、相信蘇非道路的人。

### 三、蘇非意象：「酒」和「愛」

　　熟悉蘇非文學的讀者，可以從馬赫富茲的文字中發現許多蘇非作品中慣用的文字和意象。例如，「酒」和「愛」就是蘇非文學重要的主題。在蘇非大師魯米（Jalal Din Rumi, 1207-1273）[10]的詩集當中，「酒、醉」和「愛」可以說是無處不在。我們先看「酒」的例子。例如：

> 我們醉了，心已離開！它逃離我們，去哪裡了？
> 當它看見意識之鎖已斷，就快速遁逃！
> 它哪裡都不去，它到了阿拉的園地！（頁 77）

> 我的今日醉，不若昨日酣。你信否？
> 快拿起杯子暢快飲！
> 我沈浸酒中，黃湯帶走了我的意識！
> 心智說：「再見！我將不醒」！（頁 133）

我們再看「愛」在魯米詩中的例子：

> 如果你不懂愛，質問夜晚，質問蒼白的臉頰和乾裂的嘴唇。
> 從愛靈魂習得了千種文化禮儀，學校裡無法尋得！（頁 27）

---

10 魯米是十三世紀波斯的伊斯蘭學者、詩人以及蘇非大師。他的影響力遍及整個伊斯蘭世界。他的詩集也被翻譯成數十種語言。

我死了，然後重生！我哭泣，然後微笑！

愛的力量到來，我成了永恆的力量！（頁 142）

死吧，死吧！死在愛中！死在愛中，你將獲新生！

死吧，死吧！別畏懼死！

你將破土而出，抓住天堂！（頁 70）

從魯米的詩中，我們可明顯地得知「酒」和「愛」在蘇非主義當中是常用的意象和符號。所以我們為什麼說〈札巴拉維〉是一個借用蘇非主義的作品，因為其中不乏「酒」和「愛」的指涉穿梭文本當中。

## 四、〈札巴拉維〉中的「酒」與「愛」

在〈札巴拉維〉當中，「酒」和「愛」在文本的哪裡出現呢？

1.「愛」：

當故事主角遇上了作曲家蓋德（Gad），這位音樂家唱了一首美妙的歌曲：

「儘管有時我責備我自己，

但我毫不隱諱地談論我的愛人們，

因為愛人的語言就是我的酒」。（頁 137）

「我願意給他任何他要的錢。」

「奇怪的是他不會受到這種誘惑，但如果你見他，他會治癒你。」

「不收錢？」

「只要他感覺你愛他就行了」！（頁 146）

2.「酒」

　　儘管在伊斯蘭當中酒是絕對被禁止的，但是在蘇非的宗教儀式中，它是一個象徵與阿拉結合的重要媒介。透過它，信徒可以達到忘我的境界，人神得以合一。「酒」在文本中出現在數個地方，但是最高潮處還是在最後在酒吧與瓦納斯相遇的部分。當主角見到了瓦納斯，後者告訴他：「請先坐下，然後喝醉吧！」（頁 144）雖然主角解釋說他不能喝酒，瓦納斯仍繼續說：「先照我的話做再說話！」（頁 144）瓦納斯拒絕跟主角說話，直到主角喝下了酒。於是，第一杯下肚，「它〔酒〕一進了肚子就開始燃燒」（頁 145）；第二杯後，「我失去了意志力！」（頁 145）；第三杯下肚，「我失去了記憶，第四杯後，未來消失了！世界旋轉，我忘了為什麼來這裡」（頁 145）。四杯黃湯下肚，主角進入了一個完全未知的世界，他陷入夢境當中。

> 「我有一個從未經歷過的夢。我夢見一個茂密樹叢包圍的漂
> 亮花園……我處在一個深深的滿足感當中，一種狂喜的寧
> 靜」。（頁 145）
> 「我和我的內心以及世界之間存在著一種無比的和諧感。萬
> 事萬物都在他們應有的位置，沒有紊亂，沒有曲折。整個世
> 界沒有出聲或是移動的原因，因為宇宙正遊移在狂喜的狀態
> 中」。（頁 145）

這無疑地是一個蘇非的宗教經驗，夢中的境遇宛若進入天堂與阿拉相遇。當讀者們感受到文本中的蘇非意境，自然可以對內容有更開闊的解讀和體認，將想像帶入了蘇非世界中的豐富情感和感受阿拉的愛。

## 五、傳統與現代之間

　　埃及從十九世紀開始受到廣泛和多面向的歐洲影響。西方世界的

衝擊呈現在社會的各個層面。「現代化」是未來發展的道路，還是應該謹守先人留下的生活經驗？在故事當中我們讀到，有人認為札巴拉維創造神蹟，可是卻有人認為他是江湖術士。時代真的變了！曾幾何時，如文中所言：「當今世界已經改變了！以前他享有權貴的地位，可是現在他被警察以詐騙的罪名追緝」（頁 143）。

　　穿插在蘇非的文字意象當中，是馬赫富茲對於「傳統」和「現代」、「新」與「舊」之間的辯證。我們從作者的文字裡可以發現他對於新與舊的細膩佈局。以下的表格可以幫助讀者了解作者的對於傳統與現代的描繪。

| | 傳統 | 現代 |
|---|---|---|
| 律師卡馬爾長老 | 宗教法庭；愛資哈爾廣場（Al-Azhar Square）（頁 138） | 西式裝扮；律師；住開羅的新區，花園城（Garden City）；商會大樓（Chamber of Commerce Building）；新皮椅、新地毯（頁 138） |
| 書販 | 舊區比爾蓋維（Birgawi）；很舊的建築；伊斯蘭神學和蘇非舊書（頁 139） | |
| 在地長老 | 在地長老；書桌；阿拉伯袍（galabia）；傳統產業：做香水的、銅匠；可汗哈利利市集（Khan al-Khalili）；[11] 傳統咖啡館；清真寺；綠城門（頁 139-140） | 電話；鑲金牙齒；夾克；畫地圖給主角；警察局、消防隊（頁 139-140） |

---

11　阿拉伯原文是可汗哈利利市集（Khan al-Khalili），一個埃及販賣傳統手工藝的區域，目前為世界各國觀光客最喜歡光顧的埃及景點之一。Johnson-Davis 的譯本將其翻譯成 Mouski 區（賣麝香〔musk〕香精的街區），雖然離可汗哈利利市集不遠，但不是原文。

| 書法家<br>哈薩納引 | 舊區伍姆古拉姆（Umm al-<br>Ghulam）；哈薩納引伯伯（'Amm[12]<br>Hassanein）；舊式店面深而長；羊皮<br>地毯；阿拉寫在牆上（頁 140-141） | |
| --- | --- | --- |
| 作曲家<br>蓋德長老 | 傳統音樂家；舊區塔巴旭其亞<br>（Tabashikiyya）；典雅的舊式陳設；<br>房子充滿「歷史意味」；傳統樂器魯<br>特琴；杵和臼敲擊聲（頁 142） | |
| 酒客<br>瓦納斯 | 舊區阿爾菲街（Alfi Street）；哈吉<br>（hagg）；[13] 傳統服飾阿拉伯袍和纏繞<br>的頭巾（galabia+turban）（頁 144） | 酒吧（頁 142） |

　　馬赫富茲在文中對新舊事物的細膩處理，顯示這是一個他要強調的議題。埃及仍然是個舊的社會，但逐漸出現的新事物對社會造成了衝擊。家裡的陳設有些新舊並陳，舊式辦公室有沙發或是電話等新式的設備。而穿著也是東西合併，比方說傳統的阿拉伯長袍，在外披上西式的夾克。警察局、消防隊出現在舊街區當中等等。

　　我們還可以看到人物在價值觀上，尤其是待客之道和態度上的改變。阿拉伯人是以慷慨著名的，這種觀念源自沙漠中旅客常常因為迷失方向，找不到水源而急需幫忙。所以對於所謂的不速之客、不請自來的人阿拉伯人，一定還是待之以禮。而這種傳統的價值似乎漸漸被現代的冷漠所取代。

　　在這個故事當中，第一位律師被描繪成一位勢利、缺乏人情味的人。第二位販賣舊書的小販，在一個近乎被遺棄、充滿歷史和過去的建築裡販賣已經沒有人有興趣的伊斯蘭神學和有關蘇非主義的書，讓

---

12 阿拉伯原文是「'Amm Hassnein」，'Amm 是叔伯的意思，傳統上可用來稱呼男性長者。翻譯用的是 old 這個字。

13 哈吉（hagg／hajj）是對到過麥加朝覲者的尊稱。

人覺得是對過去消逝的感嘆。第三位在地社區的長老，應該是最熟悉的人，但沒有提到名字。長老處於新舊交替的狀態，先是冷淡，後來漸漸有傳統的人情味。但是他意識到自己與他人的關係已經不若從前緊密，因為他的時間被現今世俗的事物所佔滿了。第四位書法家為一名在傳統工作坊工作的師傅，牆上還有以書法寫的「阿拉」兩個銀色的字，顯示宗教還是他內心的依歸，這位書法家似乎從札巴拉維所代表的宗教觀念（傳統）獲得許多藝術創作的靈感，與傳統契合。第五位作曲家，熱情接待主角。房子布置得典雅傳統，屋內還不時有孩子的嬉鬧聲。這是一個舊式家庭共享天倫的典範，讓人覺得這是作者所讚許的舊式社會價值。最後一位酒客出現在新社會才有的「酒吧」當中，這個地方是最不伊斯蘭的、離阿拉最遠的地方，但這裡竟可能是與傳統最接近的地方？我們如果分析馬赫富茲對新舊議題的著墨可以看到他似乎顯得念舊，感嘆世界的變化，如故事開頭所說的：「世界怎麼啦，札巴拉維？他們搞得翻天覆地，將世界變得索然無味」（頁137）！

蘇非是許多埃及人傳統信仰的依歸，在正統伊斯蘭之外，許多人隸屬於某個蘇非道團。近世紀現代化過程開始之後，有些知識分子對蘇非組織存在的社會意義有所懷疑，先前所提過的埃及著名作家塔哈・胡笙就是其中之一。在他著名的自傳《那些日子》（The Days: His Autobiography in Three Parts, 1929）當中，他就埋怨、批評那些蘇非長老不事生產，而只會利用貧苦的民眾贏取生活中的享受；他們在二十世紀現代化的過程中，成為社會當中依附他人生存的無用之人（Hussein 頁 52-57）。

馬赫富茲的想法可以從兩個方面來觀察：（1）從社會發展層面來看：二十世紀初的埃及，當西方的影響日漸強烈，社會漸漸地從宗教中解放出來，宗教人士失去他們原本崇高的地位，逐漸受到人們的

鄙視，進而遠離他們。從札巴拉維成為警察追逐的對象，也可略知一二。(2) 從宗教層面來看：人們與正統伊斯蘭漸行漸遠，同時，蘇非信徒也越來越少，在心靈上出現了空洞。因此，馬赫富茲試圖為西方物質主義所帶來心靈上的空虛，尋求答案。

在十九世紀初埃及第一任總督穆罕默德・阿里新政府的現代化過程當中，宗教人士失去了很多他們原本擁有的政治和經濟優勢，新的政府組織不再倚賴他們，而土地改革過程中也收回了很多他們擁有的土地。思想方面，現代化意味著西化，引進西方思潮，西行歸國的學人逐漸取代宗教人士獨霸的局面。世俗主義的聲音在社會當中慢慢生根發芽。一千多年的伊斯蘭思潮當然不可能在短短數十年當中被取代，但是可以想見的是傳統和現代的拉鋸變得更緊張。

〈札巴拉維〉始於對「札巴拉維」的尋找：「終於，我相信我必須找到札巴拉維長老」（頁 137）。故事最後也終於對這位蘇非行者的追尋，「我堅信我必須找到札巴拉維長老。是的，我必須找到他」（頁147）。馬赫富茲的心靈追尋雖然沒有結果，但是卻有了明確的答案！

## 柒、討論問題

1. 請上網查詢「蘇非主義」（Sufism）是什麼？它與〈札巴拉維〉一文有什麼關係？
2. 你認為〈札巴拉維〉一文主要表達的意涵為何？
3. 文中作者步上了一個尋人的旅程。「旅程」（journey）在文學上有什麼特殊的意義？

# 引用／參考書目

Abdel Sayed, Gawdat Gabra. *Coptic Monasteries: Egypt's Monastic Art and Architecture*. Cairo The American University in Cairo Press, 2002.

Bulghaith, Mohammed Humed Mohammed. "The Existential Condition of Man as Depicted in Naguib Mahfouz's Story 'Zaabalawi.'" *International Journal of Scientific and Research Publications*, vol. 4, no. 9, Sept. 2014, pp. 1-4.

Crecelius, Daniel. "Nonideological Responses of the Egyptian Ulama to Modernization." *Scholars, Saints, and Sufis Muslim Religious Institutions in the Middle East since 1500*, edited by Nikki R. Keddie, U of California P, 1972, pp. 167-209.

El-Enany, Rasheed. *The Pursuit of Meaning*. Routledge, 1993.

Elad, Ami. "Mahfuz's 'Zabalawi': Six Stations of a Quest." *International Journal of Middle East Studies*, vol. 26, no. 4, Nov. 1994, pp. 631-44.

Elmarsafy, Ziad. *Sufism in the Contemporary Arabic Novel*. Edinburgh UP, 2012.

Hanna, Mena Mark. "Verdi's Egypt." Huffpost, 23 Jan. 2014, www.huffpost. com/entry/verdis-egypt_b_4196285. Accessed 15 Dec. 2019.

Hussein, Taha. *The Days: His Autobiography in Three Parts*. Translated by E. H. Paxton et al., Cairo, The American University in Cairo Press, 1997.

Mahfouz, Naguib. "Nobel Lecture." Originally published in *Nobel Lectures, Literature 1981-1990*, World Scientific Publishing Co., Singapore, 1993. *The Nobel Price*, www.nobelprize.org/nobel_prizes/literature/ laureates/1988/mahfouz-lecture.html.

——. "Za'abalawi." *Modern Arabic Short Stories*, translated by Denys Johnson-Davis, Oxford UP, 1967, pp. 137-47.

Marsot, Afaf Lutfi Al-Sayyid. "The Ulama of Cairo in the Eighteenth and Nineteenth Centuries." *Scholars, Saints, and Sufis Muslim Religious Institutions in the Middle East since 1500*, edited by Nikki R. Keddie, U of California P, 1972, pp. 149-65.

Mikhail, Mona N. *Studies in the Short Fiction of Mahfouz and Idris*. New York UP, 1992.

Nicholson, Reynold A. *Mystics of Islam*. Routledge and Kegan Paul Ltd., 1963.

Rumi, Jalal al-Din. *Mystical Poems of Rumi First Selection Poems 1-200*. Translated by A. J. Arberry, The U of Chicago P, 1968.

Sakkut, Hamdi. "Naguib Mahfouz and the Sufi Way." *The View from within Writers and Critics on Contemporary Arabic Literature*, edited by Ghazoul Ferial J. and Harlow and Barbara, Cairo, The American University in Cairo Press, 1994, pp. 90-98.

Somekh, S. "'Za'balawi': Author, Theme and Technique." *Journal of Arabic Literature*, vol. 1, 1970, pp. 24-35.

Tahtawi, Rifa'ah Rafi'. *An Imam in Paris: account of a stay in France by an Egyptian cleric (1826-1831)*. Saqi, 2004.

Tekin, Kuğu. "Patients and Healers in 'Zaabalawi' by Naguib Mahfouz and 'A Strangeness in My Mind' by Orhan Pamuk." *Uludağ University Faculty of Arts and Sciences Journal of Social Sciences*, vol. 18, no. 33, 2017, pp. 619-30.